季中扬◎主编

季中扬　马海娅◎著

乡村振兴之路

浮龙河村卷

胜小康

北 京 出 版 集 团

北京美术摄影出版社

目录

主编寄语

"小康"原本是生活安定的意思，《诗经·大雅·民劳》："民亦劳止，汔可小康。"后来儒家把低于"大同"的一种社会形态称为"小康"。《礼记·礼运》："今大道既隐，天下为家……礼义以为纪，以正君臣，以笃父子，以睦兄弟，以和夫妇，以设制度，以立田里，以贤勇知，以功为己……是谓小康。"儒家所谓的"小康"，重视礼义与制度，这个思想在今天看来还是有价值的。宋明之后，"小康"一词有了生活富裕的意思，《明太宗实录》卷二十三："如得斯民小康，朕之愿也。""斯民小康"不仅是古代治国者所愿，也是中国共产党和人民的共同愿望。早在1979年，邓小平同志会见日本首相大平正芳时就提出"我们的四个现代化的概念，不是像你们那样的现代化的概念，而是'小康之家'"[1]，1984年又进一步提出"翻两番，国民生产总值人均达到八百美元，就是到本世纪末在中国建立一个小康社会。这个小康社

---

[1] 《我们要实现的四个现代化，是中国式的四个现代化，是"小康之家"》，2013年08月19日，人民网，http://cpc.people.com.cn/big5/n/2013/0819/c69710-22616471.html。

会，叫作中国式的现代化"[1]。当然，"小康社会"并非仅仅意味着百姓生活安定、富裕，更为重要的是，还要社会制度完善，人民讲礼义、有道德，也就是习近平总书记在党的十九大报告中所强调的"全面建成小康社会"。

习近平总书记指出："从现在到2020年，是全面建成小康社会决胜期。"[2]在全面建成小康社会即将达成之际，我们推出这套"决胜小康"系列丛书，通过10个村落的"小康之旅"，描述中国社会的根基——乡村社会的现代化，从农村基层检测"小康社会"之建设成效，总结其建设经验。在写作对象的选择上，我们考虑到了空间地域的均衡分布，既有江苏、上海、浙江、山东等东部沿海地区的乡村，也有安徽、湖南、陕西等中西部地区的乡村，力图较为全面，又突出重点地呈现全国的小康村建设成就。

从默默无闻、灰头土脸的贫困村到如今的模范村、示范村、富裕村，这10个村子都不约而同地抓住时代机遇，并结合自身资源，勇于改革创新，从艰难困苦中走出一条光明大道，于是才有了今天崭新的村容村貌。有着"长江之花"美誉的张家港长江村以雄厚的村集体经济实力

---

[1] 《小康社会》，2008年09月25日，人民网，http://cpc.people.com.cn/GB/134999/135000/8104179.html。

[2] 王伟光：《开启全面建设社会主义现代化国家新征程》，2018年01月02日，人民网，http://theory.people.com.cn/n1/2018/0102/c40531-29739416.html。

闻名遐迩，以全村力量兴办长江润发集团，已跻身民营企业全国500强；被誉为"中国市场第一村"的上海九星村则以村民股权改制为新农村建设开辟了一个重要的方向。改制后的九星村人人有工作、人人有保障、人人有股份，该村也入选中国九大土豪村；当选"全国生态宜居示范村"的湖南长沙县浔龙河村成为中国农村基层治理十大创新案例之一，大胆启动浔龙河生态艺术小镇项目建设，发展康养产业、生态产业、文化产业与旅游产业，打造出"浔龙河"模式；被央视多次报道的徐州马庄村曾迎接过习近平总书记[1]，之所以能远近闻名，靠的是马庄文化和"三宝"——乐团、香包与婆媳好，突破了以往经济靠企业经营的模式，证明了文化对于乡村振兴的重要性。凡此种种，路径不一，却都在实践中探索着中国乡村建设的途径，更为乡村振兴吹响了前进的号角，令村民备足了信心和勇气。

　　了解小康村，不能光看表面数据，也要实地去体验、去感悟。该套丛书不仅勾勒出小康村的整体面貌，更深入调研了村子内部，以深刻的体验来描绘小康村的内在精神与百姓状态。在细致、活泼的文字引导下，读者仿佛跟随作者走进了村子的街头巷尾、文化广场、农家住宅，体会村子的文化积淀，欣赏村子的美丽山水，为村子的欣欣向荣倍感激

---

[1]　金佳绪：《习近平十九大后首次调研，这6个细节意味深长！》，2017年12月13日，新华网，http://www.xinhuanet.com/politics/2017-12/13/c_1122103679.htm。

动。乡村建设，从来不是一句空话，而是实实在在惠及乡村、惠及百姓的善举。走进小康村，我们不仅能看到村子发展活起来、产业强起来、生活富起来、生态绿起来、环境美起来、名声响起来，而且能切实感受到百姓的幸福感。这套丛书并非仅仅描述小康村的建设成就，更为重要的是，还总结了小康村的建设经验，发现乡村的发展离不开人才，尤其是离不开村书记等领头人。

这些经济与文化齐头并进的小康村，是中国千百万乡村的代表，他们的"小康之旅"改变了百年来人们对农村的偏见，开始创造"乡村让城市更向往"的奇迹。从传统的乡土中国到现代的小康村，乡村发生了史无前例的社会蜕变，朝向更美、更健康、更文明、更富足的方向发展。多少年来，人们费尽心血追求的"小康社会"不再是纸上空谈，而是真真实实发生在身边的故事。当越来越多的人意识到乡村的价值，愿意投入乡村建设中，乡村的"空心化"与"贫困化"问题才能迎刃而解，全面建成小康社会才能真正达成。

季中扬

2019 年 7 月

印象浔龙河村

浔龙河，颇似武侠小说中的寻宝地名，充满神秘的美感，引人遐想。第一次听闻"浔龙河"，便不由得心生向往。在湖湘的版图上，浔龙河不过是湘江支流捞刀河的支流，水道不足30千米，小而隐，远远不能跟"湘江北去，橘子洲头"相媲美，然而这种隐在湖湘密集水系中的"神秘"却更增添了几分"半遮面"的感觉，吸引着人们去探索它、走进它、"浔"找它。

浔龙河村是一座坐落在浔龙河边的村庄。以前，它破败、闭塞，存在感极低，是湖南上万个不起眼的小村庄之一；现在，它开放、富足、美丽，名震天下，早已是湖南乃至全国闻名的"美丽乡村"示范基地，成为中国改革开放道路上的探索者。近年来，它多次荣获"全国生态宜居示范村""2017年中国十大特色小镇""十佳乡村产业发展模式""2017年度农村基层治理十大创新案例""2017名村影响力排行榜""中欧绿色旅游城市／景区奖"等众多光荣称号。从"灰姑娘"变成"白雪公主"的浔龙河村，远远比我们想象中的更耀眼。

为什么默默无闻的浔龙河村能够脱颖而出，一鸣惊人？它到底经历了什么呢？又能给后来者提供哪些经验？带着这些问题，我们来到了浔龙河村，开启了一次意义非凡的"浔"梦之旅。

一、村情略览

2018年8月16日，我们第一次来到了湖南浔龙河村。湖南的八月就像湖南人的性格一样，热力十足。但是，一听到"浔龙河生态艺术小镇"（浔龙河村对外推广名）这个名字，就让人油然联想到自然、舒适、温馨，顿时有一种夏日凉风吹拂的惬意。

我们在长沙南高铁站下了火车，来接我们的是毕业于北京大学的田博士，目前正在浔龙河村工作，他是我们这次行程的"引路人"。一路很顺畅，开车大约半个小时我们便到达了浔龙河村。浔龙河村第一书记柳中辉在村中的"唐前农庄"接待了我们。碰巧果园镇的镇长彭朝溪到浔龙河村和柳中辉书记谈公事，彭镇长听说我们的来意，非常开心，于是就向我们介绍起浔龙河的基本情况。

浔龙河村位于长沙县果园镇西北部，范围包括由金井河、麻林河、浔龙河三河围合下的丘陵区和金井河南岸的平原区。地势由北向南逐渐降低，是典型的江南丘陵地形。这里四季分明，日照充足，雨量充沛。村子东边与红花村紧邻。自2015年起浔龙河村迎来了发展的好时期，不出三年已经成为远近闻名的"强村"。在果园镇镇政府的指导下，本着"强村带弱村"的原则，目前已经将（原）红花村合并入浔龙河行政村内。村子南边与花果村、杨泗庙村相邻，西边与安沙镇黄桥村相连，东北与路口镇万年桥村接壤。

浔龙河村离黄花国际机场、长沙市中心都在半小时车程以内，出行非常方便。彭镇长向我们介绍浔龙河村时，声音中充满着抑制不住的喜悦之情。他说，近10年浔龙河村发展迅速，浔龙河村的年轻人在家就可以享受到优渥的工作待遇，孩子们有优质的教育资源，老人有丰富的文体活动。尽管村民不是住在城里但是也可以享受到城市级别的配套资源，生活非常便捷。再加

浔龙河村俯视图

浔龙河区域图

上村子上拥有大量的绿色植被，空气质量得到了保证，不像城市那样空气污染越来越严重，可以说，现在浔龙河村村民的日子过得是非常滋润的。

柳中辉书记带着我们参观"唐前农庄"，边走边介绍浔龙河村。据了解，浔龙河村总面积约为7.8平方千米，其中耕地面积为2079亩（其中水田1180亩），人均耕地1.31亩，山地面积为7626.4亩。在2015年合并村子之前，（原）双河村有13个村民小组，605户，共计1800人。2015年10月，双河村与相邻的红花村合并，正式改名为"浔龙河村"，共有25个村民小组，1200户，共计3680人。

浔龙河村历史悠久，据说有着2000多年的建村史。这里流传着三国时关羽、华佗的故事，流传着明太祖朱元璋的传说，还有杨泗将军浔龙河里斩孽龙的故事。这些民间传说仿佛一层朦胧的薄纱，让浔龙河村的历史显得更为神秘动人。浔龙河村境内古迹很多，其中比较著名的有浔龙河、拖刀石、藏龙洞、龙王会、钻龙潭、出龙潭、龙转头、医龙台、顿刀洞、紫云台、华佗庙、杨泗

唐前农庄

庙、马踏石、关爷庙和现代戏剧家田汉外祖母的墓地——燕子山，以及供奉着被誉为东汉末年"建安三神医"之一华佗的华佗古庙等人文与历史景观。村子周边有美女晒羞、狮子山、渔翁晒网、铁笼关虎、喜鹊含梁、团鱼山、铜钱潭、金井河等景点。

浔龙河村也是革命老区之一。抗日战争爆发后，中共地下党的干部和军人经常在浔龙河村一带活动。所以，浔龙河村较早建立了共产党的地下组织，许多人为抗日战争和解放战争的胜利英勇奋斗，流血牺牲。浔龙河村群众也为保护党的干部和支援前线做出了巨大贡献。这些经历，使浔龙河村村民早早地就种下了"爱国"的基因，一代代传承至今。

二、自然环境

说起浔龙河的水系也是十分有意思，很多民间故事都和这些河道有关。浔龙河村境内河流纵横，水系非常发达，浔龙河、金井河、麻林河交织环绕，与典型的江南丘陵地形地貌互为映衬。浔龙河出行非常方便，从黄兴大道进浔龙河有两条路，一条是从宋水路拐入，经蜿蜒曲折的山间公路8里左右，经过杨泗庙就能到达；另一条是乡间小路，穿过大兴组，沿河边公路穿过大坝桥就到村子了。

金井河发源于长沙县双江镇，流经金井镇、高桥镇、路口镇、果园镇，最终汇入捞刀河。一路下来水面并不甚宽，约三四十米，常有乡民隔岸拉起家常，话不高声，却玲珑入耳，再伴以桨声与水色，好不惬意。金井河水一到大坝桥，两岸山势愈加崔嵬，而河面亦倏忽开阔，仿佛一束丝线织成了一面铺天盖地的锦被。金井河丰沛的水流在大坝桥形成了一个巨大的河湾，河

浔龙河生态艺术小镇生态景观之一

流走向也由南折向西。这一个转折，九曲回肠，当落日余晖洒在河上，波光粼粼金光辉映，就像为河面镀上了一层金箔，所以被当地人称为"金江"。宽阔的水域持续了3里左右，河水再猛地一个直角大拐弯，重新向南，不仅河道骤然变窄，而且陡然向下倾泻，在一道弧形的石坎上形成壮观的瀑布。

出了杨泗庙，金井河与麻林河交汇，这个地方村里人称它为"铜钱潭"。峭壁临江，飞篷渡客，鱼游深渊，鸥鸟低回。行到水穷处，一山奇绝，拔地而起，山脚有华佗庙。过铜钱潭，金井河再向西流，没几里便与浔龙河交汇了。出浔龙河村地界不远，金井河汇入捞刀河，浔龙河所在的果园镇中的四条河流就汇流在一起了。

这四条河中，捞刀河气势最足，被村民们称为"大哥哥"；金井河流经

浔龙河自然景观优美

境内最长，娟秀端丽，是"大姐姐"；麻林河朴质可爱，如"邻家小妹"；而浔龙河作为"二姐姐"自有一种隽雅神秘的气质，让人流连忘返。君不见，浔龙河两岸，屋舍林立，桑竹成篱，良田千亩，河塘无数。百姓歌云："奇珍满目浔龙河，谷伴溪壁雀鸟歌。峭壁拖刀凝故典，香花野果满山坡。"

浔龙河村受气候、地形与河流等因素的影响，土壤分为红土和冲积土两大类。红土是地带性土壤，为酸性土，一般分布于山丘、岗地一带；冲积土分布在低平地区，土质肥沃，适合耕种。整个村子的耕地比例非常低，大多数是山林地带，这样的地形放在其他地方是非常难发展的，因为耕地少，林地多，规划非常难做，但是在村书记柳中辉的眼里，山丘、岗地都是丰富的生态资源，各种不同的地形都能形成不同的风光，能为浔龙河的发展提供良好的基础。

浔龙河村属于典型丘陵地区，山体、耕地、河流等自然地貌丰富，全村农田、林地和园地分布各占10.09%、55.54%和22.63%。村子里除了南部优美的田园风光外，东、西、北面郁郁苍苍的山林景色也十分吸引人。目前，浔龙河境内丘陵地带依旧保持种植的植被品种包括小面积的针叶、阔叶混交林，天然竹林和杉树林。特别是20世纪60年代中期经过浔龙河的"开荒造林"等运动，原生植被被大面积的马尾松等人工植被取代，红壤地区植被覆盖率高达80％。20世纪60年代末至80年代初，全村实行大规模人工造林和封山育林的措施，森林覆盖率明显增加。青山绿水总要被爱它的人们珍惜、保护才会一代一代地长存下去，这也是浔龙河人心中永远不变的信念。

三、人文环境

查阅浔龙河的村志，1983年浔龙河村的人口大约1300人，其中约300人在外务工，一部分劳动力留在本村创业，老年人和妇女基本留守在家务农，照顾小孩。现浔龙河村有住户575户，人口增加到1700人。人口密度为209人/平方千米（全县平均200人/平方千米，最大的村庄300人/平方千米），全村男女比例基本协调，人口增长和县城大体一致。不过人口结构发生了很大变化，从年轻型转为成年型，并开始向老龄化过渡。浔龙河村常住人口1652人，流出人口150人，初中以上文化人口1320人。全村劳动力人口为1026人，其中以务农为主的有755人，常年外出劳动力271人。2014年，浔龙河村18岁以下人数为332人，18～60岁人数为1057人，60～70岁人数为178人，70岁以上人数为83人。

浔龙河在没有并村之前有13个村民小组，村子中以陈姓、罗姓、黄姓、谭姓、易姓、张姓为主要姓氏，其中陈姓、罗姓人口最多，几乎占了村中人口近一半左右，不同姓氏的村民们散落居住在浔龙河的13个村民小组里。

姓氏之所以复杂，是由于这里自然条件优渥、山清水秀、土地肥沃，民风淳朴，靠近城郊。浔龙河宜住、宜耕、宜种、宜织、宜渔、宜牧、宜制、宜商，是农耕时代百姓最理想的栖身之地。千百年来，人们通过不断迁移、联姻以及区划的重整集聚到这一方宝地，和睦相处。

四、历史传说、民间故事

傍晚，余晖下斜，很多老人坐在家门口乘凉，孩子们在家门口三五成群地玩着游戏。一幅相映成趣的农家寻常画面映入眼帘，一派祥和活泼之气。在这样的气氛渲染下，我们走进这幅画面中，寻找流传在浔龙河村的历史传说和民间故事。一般来说，大多数村子里的村民对外人进村都比较防备。在以往的田野调查中也曾发生过由于村民们防备心过重，田野作业实施困难的情况。然而，浔龙河村的村民都非常友善，与我们的攀谈总是很亲和。这可能是湖南人热情好客的性格使然，也可能跟近年来浔龙河村大力推行乡村振兴，外来人口大量拥入有关。因此，我们接触到的浔龙河村民们都比较热情、亲切。我们和老人们说明来意，表示对浔龙河村的故事很感兴趣，老人们非常乐和地同我们讲了些浔龙河流传许久的故事。

老人们说浔龙河这个地方人杰地灵、山清水秀，人文情怀浓厚。一个个民间故事从很久以前就流传于这个小村子中。据说，清朝晚期江西有一位风水先生，带着徒弟一路风尘来到了长沙东乡，追寻龙脉风水宝地，从影珠大山寻到坪塘地带，之后在浔龙河境内停留，反复观其地形，最终确定浔龙河境内乃是风水聚居之所、乾坤集聚之地，而这些动人、美丽的故事就要从那些神秘的宝地开始……

（一）美女晒羞

地处浔龙河村朱术组糠头坡后山，站在山顶观其地形，前面有两座山峰，宛如弯曲的膝盖自后山蜿蜒，恰似一位美女仰卧，故取名"美女晒羞"。

相传200年前，有一对姑表兄妹，从小青梅竹马，相亲相爱。因表兄是一个穷书生，而表妹却是一位富家小姐，门不当户不对，他们的姻缘遭到了女孩儿家人的极力反对。表兄因婚事不成病倒了，年方十七就撒手人寰。表妹闻此噩耗，伤心欲绝，意为表哥厚葬。正巧闻此"美女晒羞"的宝地，想到表哥为了两人的婚事不成而离世，其情哀哀，不愿表哥冥间亦是穷苦，故变卖金银首饰购置上好棺木，买下"美女晒羞"安葬其表兄，以圆她表兄一世倾心。三年后，天降祥瑞，福气连连，表兄家境渐渐殷实，想来也和这"美女晒羞"的宝地不无关系。

（二）铁笼关虎和喜鹊含梁

距今约200年前，长沙河西望城县有个姓甫的人家，靠驾船经商发了家，成为当地一带有名的巨贾。有一年，甫姓商船逆流而上来到了现在的浔龙河村石金湾铜钱潭，住在了当地一家农户的家中，闲聊之时农户告知此处乃宝地，甫姓船商不动声色，将地名悄悄记在心中。第二天清晨，他请当地一位知情村民带路去探之，发现果然如农户所言是一块宝地，一时喜不自胜，当下便决定将此处买下作为甫姓一氏家冢。因为害怕夜长梦多，暗生枝节，甫姓船商组织自己的船员，并请当地百姓帮忙一起开基，在宝地所在的黄泥岭山脚下建起了一座甫姓墓庐屋，用于守墓人居住，也便于甫姓人家每年祭扫居住。后来，甫姓人家在此处陆续购地，安葬先人。现今黄泥岭上依

▌ 夕阳下的浔龙河村

然留存一座女墓，而"铁笼关虎"和"喜鹊含梁"所在地分别有一座男墓和一座合葬墓，其余不详，现存墓室均已被盗。

　　"铁笼关虎"坐落在浔龙河村石金湾黄泥岭东侧石坑塘子的西北方位，南面的石坑塘是进出口，北岸地形如同一只威风凛凛的老虎，关在笼子里，因为四周都是黑色的茶枯石，宛如黑铁一般，故而得名"铁笼关虎"，而逝者就安葬于"老虎"的鼻额之间，墓体规模宏大，大小华表尽存，真可谓"虎虎生威"。

"喜鹊含梁"坐落在石金湾黄泥岭上西侧上垄，现为赵龙组所在地，约有4亩面积，呈"一"字形平衡延展120多米，很像一根屋梁横跨于垄冲。因这里时常有喜鹊筑巢，故名"喜鹊含梁"。

（三）狮子山

　　曾传说有人勘探宝地，惊叹"九狮"，而其口中的"九"均位于金井河畔的北岸，狮子面孔朝南偏东，以整体有山峰9座而得名，在浔龙河地段内有7座，分别坐落于浔龙河村朱术组、大兴组、石金组、赵龙组、金河组，山体前沿朝南立于坪塘地区。曾有赞词："九狮望坪塘，代代出君王"；亦有"九狮望坪塘——仙女——仙郎"。传说在果园这儿出了一对李姓兄妹的仙人，后人望其庇护，修建了李公庙于果园村，仙庙气势不凡，与浔龙河华佗庙遥相呼应，从庙宇落成之时便有两岸信众祭拜。在浔龙河境内，名为"狮子之王"的狮子山坐落于朱术组糠头坡对面，立于金井河畔的峭壁悬崖，呈现奇特风景。峰顶下行30多米处有一个"口"字形的地方，象征着狮子张口大笑。清末年间，狮子口内葬有墓冢，墓碑上刻有"柳工敬成大人"字样。九狮中唯有此座山体呈"笑口"状，底下水流常盈不枯，金井河、麻林河绕膝而过，雄踞一方，浔龙河人称之为保水口难得的屏障，当然，也是新一代浔龙河人展翅飞翔的精神坐标。

（四）浔龙河传奇

　　据说，杨泗将军从小和吴孽龙一起玩耍，吴孽龙曾经扬言："我长大了，要将天下搅成汪洋大海！"杨泗将军听闻后便对吴孽龙说："你若胆敢如此，我一定会收拾你！"

有一天，吴孽龙突然掀起风波，从水波坳起浪。杨泗将军闻讯持刀跨马而来，与吴孽龙大战一番后，吴孽龙奔往现在的杨泗庙紫云台，双方又大战了三天三夜，杨泗将军的青龙刀刀柄松动，发力不得，于是在现在的杨泗庙村（浔龙河蔬菜基地一侧）顺手提刀就地一顿，将地上顿出一个五分地大的洞，后人称之为"顿刀洞"，至今顿刀洞仍有数米深水。就在杨泗将军顿刀之时，吴孽龙趁机逃脱，杨泗将军上马追至现在的浔龙河花木基地之处，下马寻觅吴孽龙的踪迹，后发现吴孽龙已走，便立刻上马，故此地便留名"上马坡"。

话说，吴孽龙逢山而过，杨泗将军所骑之马的马蹄踏在顽石之上，留下了两个蹄印，故此地得名"马踏石"。历经岁月蹉跎，蹄印尚存，未变其形。"马踏石"在西侧山头，吴孽龙从此地向左折向铜钱潭，即现在的华佗庙庙址所在之地，从铜钱潭遁土而穿至"对酒坛"。"对酒坛"口有深水涌出，即是铜钱潭上游涨水穿潭而来。吴孽龙穿潭而过，顺流而下，恰逢遇到杨泗将军从铜钱洞顺流而下拦截，吴孽龙立即折转，从现在的浔龙河逆流而上，故此地得名"龙转头"，即现在赵龙组河桥处。

杨泗将军从龙转头处追出一里路程，吴孽龙趁机躲到一个山坡中，卷出一个大洞藏身，此洞为现在金河组所在地，得名"藏龙洞"，可容纳几十人站立。杨泗将军循迹追至藏龙洞，吴孽龙又遁走逃进了浔龙河。杨泗将军紧追不舍，又追了一里，逼近吴孽龙之时，杨泗将军青龙出刃，猛一拖刀，虽未击中，却留下了"拖刀石"的地名，刀痕一滑千丈，鬼斧神工，极为壮观。

杨泗将军继续追赶，恰逢几位龙王正在商讨如何协助杨泗将军擒拿吴孽龙之事，龙王们纷纷出来助阵，吴孽龙又顺流而逃，此地便得名"龙王会"，现位于金河组地界内。吴孽龙逃至"捞刀河"，捞刀河这个地名来源

崖空木屋酒店之一

星空木屋酒店之二

于杨泗将军捉拿吴孽龙时青龙刀不慎掉落河中，将其捞起，因此得名。最后，观世音菩萨化为一位老妇给吴孽龙一碗饱腹的面条，吴孽龙吃下后，面条变为铁链将其锁住沉入了深井之中，故此地得名"锁龙井"。后来，人们为了纪念杨泗将军，在他与吴孽龙曾经激战过的紫云台为其修建了一座杨泗庙，乾隆皇帝还曾赐敕封杨泗将军为"普及平浪王爷"，可惜此匾在"文化大革命"期间被毁。

（五）马元传说

马园位于长沙市以东27千米处果园镇浔龙河附近。相传很久以前，朝廷腐败，奸臣当权，苛捐杂税，人民不堪重负，最终导致农民起义。在马园这个地方有一个叫马元的壮士，虽然出身卑微，但是一身豪气。他在马园一带聚众千人，揭竿而起。自称为帝，杀富济贫，与朝廷作对，方圆百里声名在外，官僚地主无一不闻风丧胆。一日，马元率众人在石灰咀洗劫一富豪人家，不料朝廷派兵数千人进行围剿。这时，马元一马当先，率领众兵浴血奋战。奈何寡不敌众，马元也跌落下马，眼看就要无力回天，恰逢一群羊经过，马元便趁机骑上一头高大的肥羊仓皇逃命，官兵一路穷追不舍，马元逃到崩堪，突然间崩堪地裂，人仰羊翻（崩堪因此而得名），马元只得放弃羊，徒步逃命。他直奔赤石河，河宽百米，挡住他的去路，没有桥，亦没有渡船，天公不作美，突然一道闪电之际，倾盆大雨便泼了下来，水流湍急，令人心惊胆战。马元见此情景只好将盔甲卸下，赤膊横渡。马元过了河途经银龙坑直奔马园而来，当跑到黄狮渡时，马元已经精疲力竭，举步维艰。埋伏在附近的官兵一拥而上，将他团团围住，最终英雄落难。人们为了纪念这位虎胆英雄，便将他被斩首的地方取名为"皇死渡"，后来改名为"黄狮渡"，并将他驻兵扎营的地方取名为"马园"。

村落与民居

02

浔龙河的生活是恬淡的。当第一缕朝阳穿过云层，从山的那边照射过来，整个村子在鸡鸣与鸟鸣中苏醒。江南的白墙黛瓦在湖南长沙是很罕见的，给浔龙河热辣的空气中带来了一丝烟雨的凉意。对于浔龙河村的村民来说，这样美好的生活得来不易，离不开村落的整体规划。每一条路面、每一个花坛背后都倾注了浔龙河村村民们的不懈努力。

你可能去过徽派的羊肠古道，踏足过那布满时间印迹的青石板；你可能坐过水乡船家的小舟，欣赏着江南水岸边一户户人家的炊烟袅袅，想象着他们如何度过平凡的一生；你可能去过名山大川，感受过苗族姑娘的热情，吊脚楼的新奇可能依旧在你心间荡漾吧……当你来到浔龙河的时候，你也会被它深深地吸引，竟然会有这样一个伴随着悠悠乡愁情怀，无处不透露出舒适感的村子。不经意间，它吸引你慢慢走近它、了解它……

一、村落布局

浔龙河村坐落在长沙县近郊，出行非常便捷。入村口便是浔龙河村的接待中心，门口一块黑色瓷砖质的门头上写着"浔龙河生态艺术小镇"几个字。车子缓慢地驶进了村子里，田博士一边低速地驾驶着车子，一边为我们介绍着浔龙河村近几年的发展。

没走多久，一片极具规模的现代化建筑群映入眼帘。这样的建筑群在城市中自然是不足为奇的，但是放在一个依山傍水的小村子里，自然而然地引起了我们的注意。询问田博士后我们得知，原来这是北京师范大学长沙附属学校。2016年12月长沙县政府与北京师范大学签约，最终确定将这所师资力量雄厚，硬件设施优越的现代化教育资源落户于浔龙河村。"村里人别提多开心了。北京名校哩！村里的孩子们不用出村就可以得到好的教育，以前真是想都不敢想！"这是后来我们和一位村里大姐聊天时，她发出的感慨。

当车子刚好经过一处正在施工中的楼房，田博士告诉我们这就是村子的核心地带，也是浔龙河自然村拆迁后的安置区。安置区位于公路的右侧，四通八达，交通便捷。核心地带除了住房之外，也有各种饭馆、小吃、KTV、

▌浔龙河村的接待中心

茶饮店铺等，如果在节假日到访浔龙河，这里还有文艺活动，热闹非凡。

再往前走一点点，一处大土坡上一个挖掘机正在作业中。田博士看我们都朝挖掘机那儿张望，便和我们聊起这处"大土坡"的发展规划，原来这是浔龙河村准备打造的村庄康养中心。康养中心正式运营后不仅可以造福村子里面的老人，也可以造福邻近城市中的老人和需要休养的人群。未来这里将是城市中即将退休或是已经退休的老人养老、疗养的处所，同时也能解决村子上部分医疗卫生问题。田博士说，康养中心虽然不敢和大型综合医院的医疗设施媲美，但是为村子上的村民提供全方位的健康检查可以说是绰绰有余

浔龙河生态艺术小镇接待中心之一

了。再加上浔龙河自然环境良好、人文气息浓厚，也适合发展康养产业，也能为附近疲乏的城市上班族提供一个高质量的休养场所。

湖南多山，浔龙河村的地形更是以丘陵地带居多。深入村子后，道路有了少许的坡度，公路的右手边便是浔龙河村总支部所在地，从村口到支部大约需要十来分钟的车程时间。浔龙河村总支部的办公楼虽然不是建筑师设计的，但是依旧能感到设计感十足，外方内圆的造型，既有办公地点的秩序井然又有乡村特有的质朴与柔和，门头上印着"浔龙河村党建服务中心"。"服务中心"这几个字让我们心头产生疑问，一般村子都是挂村两委的牌子，这儿是浔龙河村的村支部吗？后来和村书记聊天的时候才知道，原来浔龙河是把村委会作为村民的服务中心，大家要是有什么困难，村支部就带头帮忙解决，也是实至名归的"服务中心"。

党建服务中心的右侧是一个卫生站，卫生站进去有输液室、检查室、西药室等几个房间。平时由一位医生为乡亲们治疗一些小毛病，但是遗憾的是，我们下乡期间，该医生由于生病且不住在本村，因此我们没有碰见她。

我们在村支部下了车，面向党建服务中心的左手边有一条小路，那是条直通村子的小路。我们沿着小路往村中走去，下车的时候正是下午三四点钟，夏天的太阳总是爱赖在天空迟迟不肯西垂，幸好我们乘兴而来，夏日的烦躁也似乎减退了三分。在小道上慢慢走过，村子核心地带渐入我们的眼帘。路的右手边是一所幼儿园，建筑配色活泼可爱，硬件设施齐全。同行的田博士告诉我们，这是一所民办幼儿园，是由外乡人投资的，学费大约和外面城市的民办幼儿园差不多。后来根据我们咨询当地村民得来的情况表明，这所幼儿园虽然硬件和软件设施都非常不错，但是因为是民办学校，学费相

浔龙河生态艺术小镇接待中心之二

较于公办幼儿园来说，依旧比较昂贵，因此也并非每一个家庭都支付得起。

我们一边走一边看着这条顺地势而建的村路，柏油的马路，整齐的房屋，笔直的路灯，远处朦胧的山上还有一家农家乐正炊烟袅袅。如果没有之前曲折蜿蜒的行车经历，你完全感觉不出自己是置身在乡下的一座小村庄里。

也许很多人会认为，村子就应该是泥泞的土路，扑面而来的家禽气味，晚间深山之中零星散落几处昏黄的灯光，偶尔听见家犬的叫声。这些触觉、嗅觉、视觉甚至听觉构成了大多数人对乡村的印象与认知，也似乎是传统意义上乡愁的触发点。失去了这些触觉、嗅觉、视觉甚至听觉的村子就丢失了

▌浔龙河村安置区全景

村子的灵魂。但是也许这只是想象的乡村与想象的乡愁，只能存在于永恒的文学世界中。掀开田园诗意的面纱，或许隐藏的更多是生活的艰辛与困窘。世界上没有事物是一成不变的，"乡愁"的固定、凝滞只出现在那个不用为现实生活操心的精神世界。也许只有当你真正置身在那样的村子之中，才能感受到作为农民的艰辛与不易。我们应该公平些，不应该为了满足心中凝滞的乡愁就喊停乡村的发展。让村民享受到现代文明带来的生活便利是时代的义务。毕竟在这片广袤的中国土地上付出最多、奉献最大的就是面朝黄土背朝天的农民们。改革开放时，我们没有能力兼顾城市与农村的共同发展，国情导致只能集中发展城市。如今，当习近平总书记呼吁我们振兴乡村，回首古今，农民们为了中国的发展已经牺牲了太多太多，他们有足够的权利要求实现美好的生活愿景。

　　走在平坦的乡村路上，左边是一个山谷，你甚至还能看见对面山上的人

家，山谷里有很多儿童研学训练的器材，同时也有游乐园的一些项目器材。田博士陪着我们一边在村子里转悠，一边向我们娓娓道来。山谷里出现这么多儿童设施是有原因的，此处原来只是一个无名山谷，现在被开发成了"云田谷"。由于浔龙河地处丘陵地带，林地较多，耕地较少，所以发展稳健有力的第一产业是不大现实的，第二产业生产过程中会产生大量的污染，如果因为发展生产破坏了青山绿水更是得不偿失。因此浔龙河便将教育产业作为整个村子规划发展的核心，这才有了我们刚进村看到的北师大附校，也就有了被改造一新的"云田谷"。

云田谷的对面是古色古香的素云、故湘等民宿，整体感观非常质朴，能感受到淡淡的"雅致"。进入故湘类似酒店前台的一楼，你会被一大排的书架吸引，倒不是说那书架有多的令人新奇，而是扑面而来的沧桑感和厚重感会让你感觉人在时间的面前不过是一粒微尘。后来和故湘里的工作人员聊天的时候才知道，这些书架都是用老门板做成的，你甚至都能在这些书架上找到各种门闩经年使用过的痕迹。

　　围着村子转了一圈，太阳终于放过了我们这群汗津津的旅人，西沉入山。在沉入山坡的一瞬间，太阳的光晕将山头笼罩，如梦如幻，从未想过山的轮廓竟然散发着柔柔的金光，煞是好看。面向故湘的右边两条街是住户，邻靠着左边的第一条街是民俗街，第二条街是好呷街，第三条街是休闲街，再往旁边去的一条街便是专门的饭店一条街，再往后面是正在建设中的二期

▌ 云田谷

安置房。核心地区的道路大约就是这样，前后两条主路，每一纵排的安置房置于两条主街之间，排与排之间形成屋前屋后的小街，安置房二、三两层为住家，下面的店铺目前租给浔龙河村的投资控股公司。

在这些街中，最有特色的当数"好呷街"，听名字估计你也能猜到了，大约是和"吃"分不开的，好呷街中散落着很多大大小小的湖南小吃。就拿这长沙烤肠来说吧，外脆里嫩，一口下去汁水饱满。卖烤肠的阿姨告诉我们，长沙的烤肠和别的地方的烤肠不一样，个头大不说，这烤肠可是实实在在的"肉肠"，含80%以上的猪肉成分，不像很多外面的烤肠为了压低成本会掺很多面粉进烤肠中。"我们这儿做生意和做人一样，再实在不过了"，卖烤肠的阿姨笑呵呵地和我们说道。

后来遇到一个"贺大姐擂茶"店，擂茶是什么呢？我们外地人从没有吃过，后来才知道，这"擂茶"还真是长沙的特产。据卖擂茶的贺大姐介绍：擂茶是用炒米、核桃、花生、茶叶等用擂锤经过反复捣、绞之后加入牛奶冲泡而成的茶点，这种擂茶可甜可咸，好喝又营养。赶上天热，贺大姐便给我们擂上一杯清甜、爽口的擂茶。炒米香脆可口，牛奶中掺杂着核桃、花生之类坚果的香气，还能嗅到淡淡的茶香。听贺大姐说这擂茶的茶叶便是她自己种的，因为自己爱喝茶，店里正好也要用茶叶，便种上一些，正好一举两得。每天早晨，贺大姐都会亲自采摘自家种的茶叶，将新鲜的嫩茶叶拣出来作为擂茶的材料，剩下的茶叶就作为家中一天茶叶的供应，倒也有滋有味。

▍擂钵、小菜以及茶叶

▍贺大姐擂茶店老板——贺彩珍

二、千里乡愁寄无虞

上一节说的村落分布当然不是浔龙河村现在行政村的范围，浔龙河以前并非叫作浔龙河，而是叫作双河村。但是到了2015年的时候，因为双河村发展得很好，于是便将邻村的红花村也纳入浔龙河村的管辖范围之内了。原来的双河村有13个村组，红花村有12个村组，加起来就是25个村组，这25个村组组成了现在的浔龙河村。虽说已经划分进一个行政村将近三年了，但到底两村并一村，还是有少许不同的。

原双河村的村民早年经受苦难，后来遇见村子巨变，搭上了乡村振兴的快车。当村子从贫困的苦难中解脱出来的时候，双河村的村民更多的是对人生的感激与对生活的感慨。勤劳奋斗已成为浔龙河村民身上不可磨灭的印记。无论是年轻人还是中老年人，他们更多的是尽自己的努力让整个家庭的生活变得更加幸福。

在浔龙河村的接待中心，我们认识了两位"爹爹"（"diadia"，湖南方言：老人家的意思）。一位是"矿爹"，一位是"恺爹"。说起这两位爹爹，那都是浔龙河快速发展的有功之臣。对于一个刚刚回村子的年轻人而言，就算他带着钱、带着抱负，如果没有当地老人的支持，想要做出一番大事也会受到不小的阻力。当年的柳中辉书记从城市回到村子里发展也面临这样的情况，于是他便找到矿爹和恺爹，将自己的抱负和想法向两位老人诉说，希望能得到他们的帮助。两位老人听完柳中辉的计划后，心中预感这是个能成事的"小子"，便放下手中的营生，帮助柳中辉书记振兴浔龙河。

矿爹，名叫陈矿石，是石禾组的村民，早年于湖南省果园汽车改装厂任厂长，有过辉煌也经历过衰落，人生也是几经波折。当柳中辉书记想要振兴浔龙河的时候，便找到了原来厂里有见地有想法的陈矿石。陈矿石虽然一直

安置区的休闲街

都知道柳中辉是一个有本事的小伙子，但是彼时的陈矿石毕竟也十来年没有和柳中辉接触了，一时吃不准这个年轻人是在白日做梦还是真正的实干家，并没有作声。直到柳中辉不断和政府交涉优先为浔龙河通路、通水、通电、通网、通气，而且已经在施工了，这才相信了这个说到做到的大小伙儿。

恺爹，名叫潭伯恺，是大冲组的村民组长，在柳中辉书记回来之前，在果园镇上有一家初具规模的汽车修理店，收入稳定。柳中辉书记当时也找到了恺爹，他们促膝长谈了一番。柳中辉书记向恺爹诉说了自己计划中的浔龙河未来，请恺爹帮助自己，恺爹思前想后最终还是决定帮助柳中辉，因为他觉得柳中辉正在做的是改变双河村命运的事。自己作为村民组长，就算不能亲自带领村民发家致富，但是也要帮助村民改善生活，过上好日子。

联系好两位"爹爹"，经过全村投票后，进行土地流转。当时投票率是出乎预料的高，但是真正到了拆迁的时候，就会有小部分村民舍不得自己的家宅，尽管他们知道拆迁也是为了更好的生活，未来的家会更加舒适、温馨，但是临到关口，情感的洪水就决堤了，不让拆迁队施工。拆迁工作排得非常紧凑，这时间真是耽误不起。

矿爹说起一次拆迁调解事件，整个过程也是一波三折。大家都知道，城市和农村对于拆迁这件事的态度截然不同，城市中的拆迁于百姓而言，是

浔龙河村党建服务中心

▋ 与陈矿石的访谈

▋ 与潭伯恺的访谈

件"美事"，不仅有安置房还有拆迁补贴，但是农村拆迁往往都会听到村民们"叫苦连天"，因为农村拆迁的补贴不高而且村民们住不惯安置房，下地耕种很不方便。所以，可以想象在农村进行拆迁工作是十分困难的。农民的家和住惯公寓的城市人的家是不同的，城市中的人因为工作或其他原因可能会面临搬家，谁又没搬过几次家呢？但是农民不同，家不仅仅是房子，那是他出生的地方，可能几代人的记忆都在这个房子里，房子已经化为农民身体的一部分，你让他拆房等于在剥离他的骨肉，他情感上的痛苦也就可以理解了。但是要寻求发展，有些疼痛是必须要经历的。

那天，矿爹和户主说好拆迁事宜，准备隔天进行拆迁作业。谁知当天傍晚六七点钟的时候，户主的一通电话打到矿爹的手机上，说家里两个儿子不同意拆房。矿爹听到事情原委之后，立刻到户主家进行调解，原来两个儿子不同意拆迁的原因是害怕拆掉房子后，老父母手中拆迁补贴不够购置和装修新房，也对安置区的生活配套设施持怀疑态度，同时也有拆之后到入住新房这期间老父母安置问题等一系列的顾虑。矿爹一条一条地逐一回答两个年轻人的问题，并保证安置区的生活水平和幸福指数一定高过现在的生活，政策和补贴都不要忧心，一切民众会有的顾虑，拆迁指挥部在拆迁方案讨论的时候都充分为老百姓考虑到了，苦口婆心地劝了好几个小时，直至午夜12点才算调解结束。

矿爹说，他非常能理解农民对于"家"的眷恋，倒不是说通过一套房子能赚多少钱，而是离开它，也将与过去的生活、记忆告别，对于未知的生活也充满着各种忧虑。人在踏上一段新的旅途的时候难免都会有这样的情感，就像每每经历人生重大的选择的时候，既舍不得过去的温暖与舒适，但是对于未来又充满好奇与担忧，这些都是无可避免的情感抉择，而我们也终将在

安置区中的好呷街

安置区的民宿——云素

安置区的民宿街

这样的情感矛盾中走向未来。

当初第一批拆迁的80户家庭中大多数是五七组的成员,听恺爹说,五七组当时在村子里是最困难的一个组,柳书记家属于朱术组,因为朱术组相较于村上其他组较为富裕些,因此将拆迁工作放到后面进行。拆迁后的五七组村民现在已经过上了住三层小楼,水、电、气、网齐全的生活,一年收入有土地流转和一楼商铺的租金,日子过得安逸、舒适,村子上企业入驻也为村子提供了大量的就业机会,很多中青年妇女都会在村子里找一份适合自己的工作,贴补家用。

原来的红砖三合院变成了一栋栋联排的小楼,白墙青瓦,仿佛江南的某个水乡。村民李玉秋听说我们的来意,热情地请我们去她家做客,顺便为我们介绍了安置区的房屋构造。

安置区的房屋一楼前面是店铺,后面是院子和车库,上楼梯的地方还有一个储藏室,据说当时房屋的设计师考虑到农民下田干活可能会有一些农具需要有地方安置,因此在车库后面设计了一间储藏室。二楼一般是客厅和厨房以及一个房间、一个洗手间，因为村子上老年人比较多，北阳台比较大，有些人家还会将其改装成为一个棋牌室，好友来了，也可以凑到一起打打麻将、下下象棋之类。二楼的门外还有一个小露台，有些人家会在露台上放上桌椅，也有晾晒的晒架，到了收获的季节，也可以晒一些粮食。三楼全是卧室。房子一楼的后门和车库那儿便是一圈圈整齐的花坛，像之前提过的贺大姐，她就在花坛里种上自家爱喝的茶叶，有些人家会种些蔬菜或是自己喜欢的花卉。拆迁的村民每人按70平方米的标准拿安置房，一个三口人家分210平方米的房子，四口及以上人家可以分280平方米的房子，多出来的人口按每人70平方米算，等安置房三期开发了电梯公寓房，补发电梯房。同时对于有独生子女证的家庭，一本独生子女证充当一口人，避免国家二孩政策放开

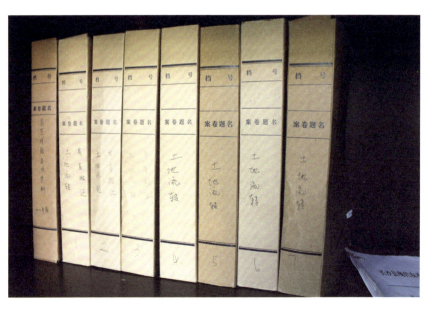

▌档案室中土地流转的材料

后，家里的人口增多，房子不够大，孩子没房间的问题。

恺爹和我们说现在浔龙河的村民都争先恐后地想要拆迁，这在农村地区是很少见的，主要还是福利和政策好，安置区的环境等各方面条件都很好，老百姓也愿意离开老房子住进新式小区。自己的朋友圈依然在，生活的故土依旧不变，只要人在，回忆就可以持续不断地创造。据说，今年大冲组的村民申请村部尽快拆迁全组，可见老百姓对于拆迁安置后的生活都很憧憬，亦很期待。

一般到了节假日，周边城镇的游客就会光临这个小村子，很多游客都反映浔龙河的交通非常方便，好吃好玩的也多，村子古色古香，就好似自己想象中的梦里水乡的样子。缅怀乡愁的旅人在故湘中停留几日，偷得浮生半日闲，感受乡土的生命力的同时也不会缺少城市中的生活品质，非常惬意。

为了更加多面地了解现在的浔龙河村，我们也探访了原来红花村片区的新大屋组，认识了新大屋组的村组长——彭建春。彭建春是长沙县劳动模范，为新大屋组做出过非常多的贡献。来到新大屋组，进村的路是一条乡间小路，一进村就看见一块巨大石头上刻着"新大屋小区2013"。

村组并不大，以村中的大水塘和村组村部为中心向外延扩展。村部在进村方向大水塘的右边，村部的前面是一个篮球场，再往前走便是村里开会和娱乐的场所。阡陌交错的小路，两边是矮矮的白色院墙，上面画着一些清雅的图案，村子上的小路非常干净，彭组长告诉我们，多亏了村民的齐心协力才有现在的面貌。

说起新大屋组的建设，也是十分艰辛的一个过程。2008年，彭组长担任村部组长，俗话说得好，"要想富先修路"，为了让村子富起来，彭组长想着村子上的土路是第一个要整修的事儿。但是农村的路不好修，这和城市中

星空木屋酒店之三

■ 让当地居民享受到城市级的生活品质，同时让都市人能够拥有诗意般的田园生活

有专门部门管理城市道路不同，修路的所有事儿都要彭组长自己张罗。怎么修、用什么材料、修路的路线、先从哪里开始修起都是问题。除了这些问题，最大的一个问题便是钱从哪儿来。彭组长当时在外面赚了点钱，想着事儿总是要先做起来，就拿出自己的8万元存款开始修建工程。村民们知道组长自己垫着为村里道路维修的费用后，纷纷开始捐款，依据自家能力捐款，家底殷实的人家捐上万元也是有的，贫寒人家捐几十块也没有人会责怪，就这样在大家的积极支持下路慢慢地修起来了。镇上、县上政府听说新大屋组自发修茸起村路，纷纷下村调查，的确如传闻所言，也认识了村组长彭建春。政府对这个老实的农民组长竖起了大拇指，也理解建设村子的不容易，于是便拨款帮助村子上其他设施的建设。

　　在政府的支持下，村子改貌工程继续推进着，村子竖起了路灯，夜晚的

▌ 红花村片区的新大屋组

与新大屋组村民组长彭建春交谈

村子再也不是黑漆漆的一片了；污水处理也修建起来，村子中的污水得到了妥善的处理；村子里有几处野池塘，为了整体村貌，彭组长组织着村民们将村里的几个塘子修葺起来，现在村民有的会在塘子里养殖鱼苗，也有闲来无事的时候钓鱼休闲的。

说起村子为什么叫作"新大屋组"，原来村子原名是叫大屋组，但是1995年和1998年两场洪水淹没了这个在山坳中的村子，洪水退去之时，村子只剩下代表性的"大屋"，剩下的房屋不是被冲垮就是被洪水泡得不成样子。经受过苦难的村民，顽强不屈，奋勇前行，不断地用勤劳致富，这才有现在的"新大屋组"。

这几年国家对农业实行各种扶持政策，农民的农耕收入大大增加，外出务工的人也赚着钱了，在村子里盖起了小楼。虽然没有浔龙河核心地带的整

┃ 在田博士的陪同下调研新大屋组

体规划，但也胜在各式各样，充分展现了人们通过努力获得幸福生活的精神面貌。如今的新大屋组院子里依旧会晾晒着红辣椒，傍晚夕阳西下、晚风拂面之时，村民会到篮球场跳跳广场舞，健健身；邻村的亲戚到访也会借用大会议室的卡拉OK设备，高歌一曲；老人们有时会写写诗歌、书法，陶冶情操，修身养性……

落花盘山故里情，千里乡愁寄无虞。

产业与集体经济

在浔龙河村当村民们偶遇外乡人，他们并不会感到惊讶。因为自从外来资本入驻浔龙河村起，外来人才便大量拥入浔龙河村。所以，对于浔龙河村的村民而言，在路上偶遇外乡人便不再是稀罕事儿了。在"党建+经济"工作领导小组的指导下，浔龙河村积极探索服务型和经营型的集体经济发展模式。在"五大产业"的协同作用下，共同构筑具有浔龙河特色的现代化产业体系，从而带动浔龙河村的经济发展。

产业振兴之所以位于"五大振兴"之首，是因为产业是经济发展的最核心支撑，是发展这个要务最基本、最重要的体现。浔龙河村8年的探索实践也证明，产业是浔龙河生态艺术小镇的支柱，是小镇的内核，也是浔龙河村持续发展的根本动力。所以，浔龙河村在实践中提出了与通过"党建引领"实现组织振兴相适应的、依靠"经建支撑"实现产业振兴的战略与构想。

一、"经建支撑"的产业振兴

（一）"发展壮大集体经济"

浔龙河村的"经建支撑"是通过吸引资本下乡发展农业综合产业和发展壮大集体经济来实现的。2010年，浔龙河村通过招商引资，引入了湖南棕榈浔龙河生态城镇发展有限公司，开发浔龙河生态艺术小镇项目，大力发展生态产业、文化产业、教育产业、旅游产业和康养产业五大农业综合产业。从2010年至今，公司已经累计完成产业投资8亿元。据负责浔龙河规划的黄君介绍，小镇开园始，节假日旅客达到万人以上。仅2016年，接待旅客就达到了100万人次。产业的发展为浔龙河村开展土地流转、集体资产租赁、集体经营性土地经营等集体经济的发展和村民就业、创业提供了平台，促进了村民致富增收。具体来说，浔龙河主要从以下几个方面开展工作。

1. 成立"党建+经济"工作领导小组

推进"党建＋经济"，做好引领发展文章。成立"党建＋经济"工作领导小组，制订实施"党建＋经济"工作计划，推动浔龙河村美丽乡村建设和农村综合产业发展。开发主体、村委会经常性地向党组织、村民代表大会汇报工作，确保正确的政治方向，确保村民的知情权、参与权。2009年以来，组织村支两委和村民代表召开会议60多次，充分了解群众想法，达成共识，为小镇发展集思广益打下了良好的群众基础。实行村企合一，成立生态艺术小镇协调管理委员会，设主任一名，由企业董事长、浔龙河村第一支部书记担任；下设副主任两名，分别负责管理村集体和企业事务。同时，打破村级管理现有模式，建立经济管理中心、公共服务中心和文化发展中心。经济管理中心主要负责土地合作社管理，重点对农村土地资源进行经济管理；公共服务中心主要负责社会治安、计划生育、就业指导等，为村民提供日常所需的管理服务；文化发展中心主要负责全村的精神文明建设和文化活动的开展。企业按照市场经济原则，负责生态艺术小镇的综合开发。通过协调管理委员会搭建桥梁，既能充分发挥村企双方在项目建设中的作用，又能做到有分有合，确保健康发展。

2. 组建浔龙河商贸有限公司和村集体资产管理公司

浔龙河村成立了浔龙河商贸有限公司作为集体经济发展主体，该公司与长沙县供销社、湖南浔云农业科技公司联合成立了湖南省首家村级标准化新型供销合作社，探索形成了"党建＋村建＋社建"的村级集体经济发展新模式。目前，已累计投资100万元，建成了长沙县北部农产品展示销售中心、线上销售平台、24小时无人购物店、浔鲜餐厅等，为浔龙河村的村民和游客提供优质服务。同时，浔龙河村还被批准为湖南省农村集体经营性建设用地上市交易同价同权试点村，在浔龙河项目区内规划了300亩集体经营性建设用地作为集体企业的资产，建设超市、加油站、停车场等经营性项目，经济实现健康稳步发展。

浔龙河村与项目开发公司按照95∶5的股份比例，成立了浔龙河村集体资产管理公司以作为发展集体经济的主体。公司按照现代化企业管理制度，主要以土地入股、租赁的方式开展经营，确保收益稳定。财务接受村委会、村务监督委员会的审查和监督，并定期公开。村民以组为单位对公司的收益进行分配，每个村民小组已确权的土地面积在全村土地总面积中所占的比例为分配比例。集体资产公司成立后，成为对接企业、市场的发展平台，为村级集体经济壮大奠定了基础。

浔龙河村惠农综合服务社

3. 探索服务型和经营型集体经济发展模式

基于不同的土地性质，也考虑到集体资产的经营方式，浔龙河村发展集体经济主要有两种模式。

经济服务型

以村集体经济组织为平台，对接浔龙河项目内的开发企业，为村民和村集体开展流转、租赁服务，收取5%左右的服务费。一是土地流转。目前，浔龙河农业科技公司流转土地921亩建设现代农业基地，浔龙河现代农庄流转土地97亩，湖南樱之谷文化公司流转土地540亩建设樱花谷，湖南顺业文化旅游公司流转土地345亩建设水上世界，浔龙河生态农业公司流转土地180亩建设童勋营。以上共完成土地流转2000多亩，每年村民获得流转收入119万元，村集体年收入51.88万元。二是房屋租赁。由集体公司对80户村民集中居住房屋门面和部分住房租赁后再出租给浔龙河公司，2018年租赁收入288.2万元，按照村民的实际租赁面积进行了分配，村集体收入50万元。三是资产租赁。对村上闲置的集体资产——旧村部、两所旧学校进行租赁，年租金收入为1.88万元。

市场经营型

对集体经营性建设用地进行经营，目前已经投资和将来计划投资的项目主要有：

（1）浔龙河公共停车场：占地面积80亩，以村集体经济补助资金50万元为资金来源。建设停车位1800个，主要为浔龙河项目区内的游客提供停车服务。目前已完成建设。按照目前的客流量和每辆车10元每次收费计算，预期年收入80万元。

（2）浔龙河加油站：占地面积16亩，计划总投资3000万元。村集体企业以土地入股，占股22%。2017年年底启动建设，计划2018年9月投入使用。村集体预计年收入120万元。

（3）大型综合超市：占地面积25亩，计划总投资2000万元。村集体企业以土地入股，占股45%。2017年年底启动建设，计划2018年10月投入使用。村集体预计年收入60万元。

（4）其他经营性领域：2017年启动北师大附校、时光潇湘、浔龙隐、水上世界等产业项目建设，实现浔龙隐和时光潇湘项目开盘销售。通过加快产业发展，为村民提供更多的就业、创业机会，为村集体经济发展提供支撑，带动村民致富增收。

成立浔龙河村集体企业，通过开展土地租赁、土地流转服务，通过建立供销社浔龙河村供销点等多种形式开展经营，增加集体经济收入。同时，与浔龙河村土鸡养殖、蜜蜂养殖、优质稻种植合作社开展合作经营，引导并支持合作社实施产业扶贫。

通过发展壮大集体经济，浔龙河村已经发生了巨大变化：

（1）农民的收入水平显著提升。村集体通过大力发展农村综合产业，搭建为群众服务的经济平台，大大提升了村民的收入水平。一是土地流转收入。按2015年的粮食收购保护价计算，村民户均每年可获得6270元的现金收入，村民以土地流转收入购买粮食，保障了基本的生活需求。二是集中居住后的财产性收益。按照"宜居宜业""两型生活"的要求，充分考虑村民生活习惯和长远生计需求，按照"前临街道下有门面，后有院子旁有菜地"的标准进行设计，建成具有一定综合承载能力、生态宜居的集中居住区，夯实村民就地市民化的基础。目前已建成一期一批安置房80栋并完成了分配，农民已经乔迁新居。通过门面和部分住房出租，村民每年可收入2万～4万元。

三是就业和创业收入。目前公司已安排当地劳动力就业289人，月平均工资3210元；带动创业100多人，每人每年增收8万到10万元。

（2）集体经济的发展活力显著增强。一是通过开展服务经济，每年可以获得10多万元的经济收益。二是通过集体经营性建设用地的经营，为浔龙河村的长远发展预留了足够的空间。集体经营性项目建设后，每年预计收入可达到260万元。同时，村集体经济与产业发展同步推进，经济的繁荣为紧密联系群众奠定了更加良好的基础。建设的服务性项目收益可靠，发展稳定，为集体经济的稳步壮大提供了保障。

（3）大力开展精准扶贫，做到精准识别、精准分类、精准帮扶。主要通过就业安置、产业扶持、金融支持、移民安置、政策兜底、扶贫基金参与六大举措，确保2017年年底全村贫困户实现脱贫。同时，通过大力发展综合产业、加快搬迁安置等举措，早日实现全面小康与基本现代化的目标。

（二）构筑浔龙河特色的现代产业体系

1. 现代乡村产业的特色

以"三农"为基础发展起来的浔龙河生态艺术小镇，其产业与城市产业的发展模式有较大差异：（1）城市产业以工业、服务业即二、三产业为主，特色小镇是农业、工业、服务业一、二、三产业融合发展，是一个产业多元、互补、业态边界融通的产业生态圈；（2）在运营主体上城市工商业的核心主体是企业，而乡村产业则是村集体（村民）、企业、政府多元主体的协同；（3）乡村产业的价值诉求是政治价值、生态价值、社会价值、民生价值、经济价值的系统整合，比城市产业的价值诉求维度多得多，也较为复杂。浔龙河生态艺术小镇以生态农业、农产品加工、文化产业、教育产业

▌浔龙河生态艺术小镇生态景观之二

为基础，大力发展全域旅游；以康养宜居产业、农业创客产业、农村电子商务等为基础，打造产业创新发展平台，实施多方利益共享，放大投资乘数，增加边际效用。由于小镇功能、业态复杂，不是单纯的旅游景区，还涉及承担城乡融合式城镇建设与实施乡村振兴战略的双重任务，需要实现当地农民与外来市民安居乐业的目标。所以，其运作不能像竞争性工业产业一样完全靠市场的力量进行，不仅需要政府监督、引导、扶持，结合城市发展的先进要素进行产业培育，还需要整合行政管理、公共工程，进行土地机制创新等，以市场化、商业化理念，按照经济发展规律，结合短、中、长期发展目标，为达到综合边际效益最大化，开展经营运作，形成具有浔龙河特色的产业振兴案例。

2. 推进"多规合一"的实践

2014年8月，国家发改委、国土部、环保部和住建部四部委联合下发《关于开展市县"多规合一"试点工作的通知》，提出在全国28个市县开展"多规合一"试点和空间规划改革试点，推动经济社会发展规划、城乡规划、土地利用规划、生态环境保护规划等"多规合一"。浔龙河生态艺术小镇的"多规合一"规划，主要考虑前瞻性与科学性，重点围绕"五个突出"来实施。

（1）突出以人为本。把突出以人为本的民生规划放在首位，做到"三生合一"，即生态、生产、生活规划三位一体，从而提升群众幸福指数，创建和谐美丽的人居环境。

（2）突出可持续发展。优先考虑生态环境容量，实现人口、资源与生态环境相均衡的发展，为小镇的长期、稳定、健康的经济社会生态效益与可持续发展奠定基础。

（3）突出产业支撑。立足浔龙河的自身优势，重点发展生态产业、文化产业、教育产业，以此为基础发展全域旅游产业、现代农业和乡村健康养老产业，建设美丽、宜居、富饶的特色园区。

（4）突出集约高效。突出乡村资源的集约高效，盘活土地资源，充分提高土地、生态资源的使用效益。

（5）突出城乡融合。突出城乡一体、统筹兼顾和融合发展，推动社会资本向农村聚集，促进城乡公共配套均等化，实现把村民留住、请市民下乡的田园综合体梦想。

规划以实现康养、旅游、娱乐业、研学为目标，促进村民、市民一体化融合，力图实现人口"进得来、留得住、活得好"，将浔龙河生态艺术小镇建设成为能承载4.1万常住人口和年300万人次左右的旅游、研学人员规模，具有中国元素、中国风范、城乡一体、生活富裕、生态优美、社会和谐的特色小镇。

3. 促进五大产业融合发展

浔龙河生态艺术小镇项目树立了"功能化＋立体化＋互联化"的产业发展理念，整合产业优势资源，充分实现产业间融合、内外资源互动的多元复合价值，构建和谐、高效、富有活力的产业体系与生态圈，是人与自然、人与产业、人与社区和谐共生的国家级田园综合体。

浔龙河生态艺术小镇的产业布局以"文化为底蕴、生态为承载、教育为核心、旅游为脉络、宜居为目标"，构筑起浔龙河产业规划轴线，形成了"生态产业、文化产业、教育产业、旅游产业、康养产业"五大特色产业有机结合、相容并生的产业布局，突出

浔龙河生态艺术小镇生态景观之三

供给侧结构性改革，突出模块化产业单元功能及其产业链之间的互为依托、相互促进的产业逻辑，构筑浔龙河现代产业体系。其中，主导或支柱产业是全域旅游产业和康养产业，生态产业、文化产业、教育产业作为基础产业，做到盈亏基本平衡，与其他配套产业一起，为全域旅游产业和康养产业的发展奠定了良好的基础。在中短期内重点发展教育和康养产业，实现盈利；长期则以旅游产业、文化产业、现代生态农业来形成持久稳定的经济支撑。

二、"五大产业"协同推进

（一）生态产业奠定可持续发展基础

生态产业是继经济技术开发、高新技术产业开发后的第三代产业。生态产业是包含工业、农业、服务业，与社会生活一体的，在生态环境和生存状况上相结合的一个有机系统。通过自然生态系统形成物流和能量的转化，形成自然生态系统、人工生态系统、产业生态系统之间共生的网络。生态产业同样是按生态经济原理和知识经济规律组织起来的基于生态系统承载能力、具有高效的生态过程及和谐的生态功能的聚合型产业。不同于传统产业的是，生态产业将生产、流通、消费、回收、环境保护及综合能力建设相结合，将不同行业的生产工艺横向耦合，将生产基地与周边环境纳入整个生态系统统一管理，谋求资源的高效利用和有害废弃物向系统外的低、零排放。

浔龙河生态艺术小镇的园区生态产业规划是广东棕榈园林股份有限公司的智慧结晶，该公司是国内排名前列的园林类上市企业，在生态规划、生态建设和生态技术应用领域具有行业领先优势。他们根据浔龙河村原有的"七山二水一分田"的优美生态资源环境，将小镇建设成四季有花、时时有果、色彩绚烂的生态花园。

第一，立足绿色生态，打造浔龙河的品牌。浔龙河生态艺术小镇在发展现代农业方面，先从无公害农业着手，然后做绿色农业，再升级到生态有机农业。在基本农田发展绿色蔬菜、优质稻的种植业，在旱地、坡地和一般农田开展花卉苗木、水果的种植。建设农产品加工厂，整合基地内和周边的优质农产品资源进行深加工，通过打造浔龙河农产品品牌，形成一批"浔龙河标志"的名、优、特、精产品。完善绿色农产品标准体系，打造浔龙河特色农产品。公司与湖南农业大学合作建立产学研长沙唯一基地及教学示范基地；与湖南省蔬菜研究所合作，成功建立省蔬菜研究所成果转化基地和原生态品种培育基地。目前，浔龙河绿色农业产业已获得长沙市"农业产业龙头企业"称号和农业部"浔龙河"牌绿色食品认证，被纳入长沙市重点菜篮子工程生产基地、农业部标准化蔬菜基地建设试点项目。

第二，立足于土地资源，创办生态产业园。从2009年开始，生态农业的板块已流转了当地的农田、果园、山地共计1.2万多亩，建成了一个高标准的蔬菜生产种植基地，基地设计规模为2000亩，其中核心示范区1000亩，区域辐射面积达到10000亩；投资7400万元积极推广绿色农产品生产技术和种植技术，加大了绿色农产品基地的建设，创建了一个生态农业基地、一个长沙县北部乡镇农产品展示平台；已种植优质水稻580亩、绿色蔬菜620亩、花卉苗木600亩，近4年共实现营业收入1600多万元。

依托小镇得天独厚的自然地理条件，棕榈园林、贝尔高林等规划设计院对区域景观进行提质再造，提升了生态质量和生态品质，建设了三大生态园。

1. 樱花园、紫薇园：在小镇范围内规划1000亩土地，种植不同品种的樱

浔龙河生态艺术小镇生态景观之四

▌浔龙河生态艺术小镇生态景观之五

花、紫薇等，形成集花卉培育基地、浪漫樱花观光园、玫瑰观光园、紫薇观光园及配套产业于一体的休闲观光旅游产业链，把浔龙河的原生态环境建设成四季有花、色彩绚烂的乡村花园。现已完成奇妙樱花谷一期建设，已于2017年3月正式开园。

2. 生态农业产业园：规划建设2000亩生态农业产业园，种植绿色蔬菜、优质稻、花卉苗木、水果等作物，积极推广绿色产品生产技术，加大绿色农产品基地建设，坚持不使用农药、化肥的原生态种植方式，减少机械使用，极力强调生态环境安全、稳定，提高农产品供给质量。目前已种植优质水稻580亩、绿色蔬菜620亩、花卉苗木600亩。

3. 乡村湿地公园：小镇范围内金井河、麻林河、浔龙河交织环绕，自然资源丰富，通过延续乡村景观和本地民俗风情，保护生物多样性，打造集生态、文化、休闲、教育等多功能于一体的具有乡村气息的自然生态湿地公园，构建人类与自然亲近的桥梁和城市的绿肺。

第三，组建基层供销社，构筑了工农业产品双向流通渠道。成立湖南省首家新型供销合作社，搭建线上线下交易系统，结合全省"农改超"项目建设销售渠道，打造全国范围内特色农副产品的集成商业平台。目前，已建成集农村基础生活用品、农业生产资料、特色农产品于一体的供销展厅；建成从田间到餐桌的农产品无缝对接，让顾客看得到、吃得到、买得到的寻鲜餐厅；为弥补农村生活配套服务缺失，设有全年无休的24小时智能售货店。

生态产业的高科技、高效益、低能耗、低排放，使得浔龙河生态艺术小镇山更青、水更绿、空气更清新、人民生活更幸福。

（二）文化产业塑造发展灵魂

文化产业是以生产和提供精神产品为主要活动，以满足人们的文化需要为目标的文化内容创作与传媒产业等的总称。按照习近平总书记关于"文化自信"的系列讲话精神，将文化自信与文化产业结合起来，大力发展文化产业，推动中国文化事业、文化产业的繁荣与发展，对于创造出有中国元素、中国风范的文化精品力作来传承文化、影响世界是十分重要的。总体来讲，中华文化底蕴深厚、文化资源极其丰富，但无论是从产业内容还是传播手段、方式以及产业规模与国际影响力来看，同发达国家和地区比差距依然很大。

浔龙河有着丰富的文化资源，村里按照"记得住乡愁"的要求，以弘扬民族民间特色文化为宗旨，以打造农村特色文化品牌为目标，以促进全域旅游和文化产业发展为出发点，切实抓好民间文化的抢救保护和挖掘传承工作，在继承的基础上不断创新与发展，使乡村特色文化愈加明显、品牌愈加响亮、价值愈加彰显。目前，随着代表作——田汉文化园的开园，浔龙河村已正式拉开了乡村文化振兴的序幕。

（三）教育产业奠定基业长青

1. 对接一流资源，打造基础教育样板

小镇引进国内一流的北京师范大学附属学校优质教育资源，以民办公助的办学模式开发建设了一个集幼儿园、小学和中学于一体的基础教育示范基地，以打造小镇的教育样本，树立长沙县基础教育的标杆。显然，融合、引进这样的优质基础教育资源，在很大程度上可以弥补、满足长沙县作为全国经济十强县在基础教育资源上强劲增长的需求，也可以促进本地基础教育资源结构调整，优化本地基础教育资源的配置。北京师范大学长沙附属学校浔龙河校区总占地面积353.9亩，规划的总学生容量为5200人，规划班级117个。其中一期工程于2017年8月开始动工，2018年6月校舍交付使用，2018年9月开学，开设班级54个，学生总容量为2250人。

2. 对接优质资源，发展研学教育基地

以1.47万亩原生山林为承载基础，深度融入湘湖文化、湘湖精神，规划、开发不同类型的研学体验产品和体验内容。包括以培养学生求是、进取、创新等素质、能力、品格为主的素质教育；以湘中地区的自然、农耕、

非遗文化等知识为主的科普教育；以忠诚、爱国、担当、奉献等精神为内核的爱国教育；以培养学生独立、创新能力、社会责任感、良好习惯，学习湖湘文化、劳动技能等为主的营地教育。

浔龙河生态艺术小镇与湖南省军区合作，引进国际先进的素质教育模式，建设面向青少年的国防素质教育营地——童勋营。长沙县人民政府将该营地作为全县中小学国防素质教育的基地，采取政府购买服务的方式，该营地现已成为长沙县6万名小学生的国防知识学习、国防身体素质训练、强军富民爱国主义教育营地。一期建设已投入5000万元，占地面积152亩，具体建设是在湖南省军区的指导下推进的，后期将扩大建设占地约300亩，将其打造成为湖南省国防素质教育的重要基地。

浔龙河生态艺术小镇与金鹰卡通卫视合作，打造的亲子素质教育品牌麦咭启蒙岛，涵盖了云田谷、麦咭密室等一系列项目。该系列项目自2015年10月对外开放以来，已投入资金1.3亿元，两年内共开展了15个大型活动，吸引了近5万名青少年参加，在湖南产生了巨大反响，已成为长沙市亲子素质教育的知名品牌。

3. 服务终身教育，建设成人教育培训基地

浔龙河生态艺术小镇的教育产业的基本构想是将"基础教育""研学教育""培训教育"三大板块有机组合，打造成为全域教育产业与研学旅游的重要基地。

服务于实施乡村振兴战略的培训基地

根据浔龙河村党建积累的先进经验开展基层党建培训、美丽乡村建设培训、乡村干部培训、党员培训、特色小镇运营培训、职业农民培训、创客培训等。同时，开展全国范围的对乡村资源开发的企业家、干部、管理人员的

培训，立志打造出具有中国特色的"农业产业MBA"。

服务于弘扬田汉文化艺术的培训基地

浔龙河生态艺术小镇与全国艺术类院校联合，以田汉大剧院、田汉艺术学院、田汉艺术话剧节、田汉木偶节为依托，打造全国艺术类人才的实习实训、艺术人才创新创业、演艺产业和人才输送相融合的重要基地。

服务于民兵和退役军人的培训基地

浔龙河生态艺术小镇与湖南省民兵预备役师合作，建设省级民兵训练基地，一方面开展民兵训练，另一方面开展保安、特勤人员的社会化训练，实现军民融合、军民两用的建设目标。浔龙河生态艺术小镇与湖南省退役士兵就业创业服务促进会合作，打造全国退役军人再就业与创业培训基地，搭建政府与社会、军队与地方、退役士兵与用工单位的合作桥梁，组织开展专题调研和学术交流，向有关部门建言献策，协助政府部门为退役士兵提供就业创业服务，促进社会和谐稳定。

说起这个民兵组织，就不得不提及中年支部的成员兼村委委员的谭明，他还兼职担任民兵营营长。浔龙河的民兵营除了日常负责村上的保卫工作，但凡村上出现了什么意外情况也是要出勤的，例如，节假日大量游客拥入浔龙河村，民兵营要做安保工作；村子上曾经发生过火灾，民兵营收到通知后第一时间前往现场，帮助村民控制火势，协助消防员缩减了火势的蔓延。最令谭明印象深刻的一件事莫过于2017年6月的大洪水。2017年湘江水位不断上升导致沿江多处地段遭受洪灾，作为湘江的分支的金井河也难以避免。6月的洪水就像怒吼中的狮子，好似顷刻间就会吞没一切。谭明接到消息后第一时间赶到了堤坝查看汛情。浔龙河村的赵龙组身处整个村子最低洼的地段，一旦江水决堤，可想而知，又有多少人家面临巨大的财产损失。对于发

▌村秘书陈静正在介绍村部内部设施

展中的浔龙河村来说，一点点的意外和损失都可能会将提上日程的进度延缓好几年。因此全村一条心，除了党员全部上堤巡查，时刻报告江水的汛情之外，民兵营有组织、有秩序地开始做防洪沙袋，以备不时之需。镇里的领导下到浔龙河的堤坝上，看到群众们和民兵营的防洪工作如此有条理，提起的心才放下少许。谭明带着民兵营的民兵们察看汛情，制作防洪沙袋，吃、睡都在堤坝上，吃的是最方便的盒饭，困了就在车里稍微休息一会儿。就这样连续三天，汛情终于缓和了下来，赵龙组被淹的风险也慢慢降低。看着村民们渐渐放下心底的担忧，谭明告诉我们，除了自己是民兵营的营长，职责所在，更是因为自己是浔龙河的人，自然的无情冲不散凝结成一心的浔龙河人。

（四）全域旅游兴村富民

浔龙河生态艺术小镇成立了湖南下乡客浔龙河文旅有限公司，打造了湖湘民俗风情街，汇聚了创客街、"三土美食"好呷街、土菜街、民俗街和休闲街；推出了特色民宿酒店集群，包括星空木屋酒店、故湘、云素和极具科技感、体验感的地球舱生态智慧酒店，深受游客欢迎。特色民宿酒店集群从2015年10月投入运营以来，已投资4000万元，形成了各种不同风格和档次的特色民居，为游客提供了多样化的生态居住体验服务。浔龙河生态艺术小镇开发了中南地区最大的赏樱胜地"浔龙河奇妙樱花谷"项目，2017年3月11日成功实现开园，开园期间前三天即迎客5万人，是全国乡村旅游的样板工程。

2016年浔龙河生态艺术小镇接待游客量超过100万人次；2017年浔龙河生态艺术小镇新春灯会（1月20日—2月19日）接待游客近20万人次，清明小长假期间浔龙河生态艺术小镇接待游客12万余人次，"五一"期间接待游客99万余人次。

（五）康养产业创造极致品位

浔龙河生态艺术小镇遵循民生为本、生态优先的理念，在区域内按照生态自然循环的原理，促进自然生态与人工生态的相互契合，在地理特色、中医养生原理上，把山、水、田园与人的身心完美地结合起来。康养产业在地理上充分利用了原生坡地肌理，保留自然的原森林植被，结合开放的空间布局，将国有建设用地、集体建设用地和流转土地进行混合使用、合理布局，发挥它们各自的属性与功能，再将中药材种植、加工、饮用以及中医的养生、养身、养心结合起来，构建了低成本、高附加值、增值空间巨大和物超所值的康养产业园区，构建了一种自由、私密、健康、乡愁的庄园式生活

▌ 云田民宿之一

空间。

　　创新的康养产业市场潜力大、需求强劲，保护和发展了民生与生态的内涵，将实现三大群体的回归：

　　一是村外湘籍人士乡愁的回归。湖南是人口大省，在外省工作、创业的成功人士众多。他们不同于一般在外务工、创业的农民工群体，是一群有较高学识，在外工作、创业几十年，生活在外地城市的中产阶层或富人群体。他们想回归湖南，但又回不去生养的农村（因为原生态的农村缺乏他们生活

云田民宿之二

云田民宿之三

的社区，缺乏他们需求的学养配套设施，更没有他们生活的知识圈层）。而在浔龙河生态艺术小镇这样的地方，又重构了他们存放在心底的乡愁、念念不忘的故里以及所熟悉的生活圈层。

二是在长沙等大城市里工作的中产者。他们正处于事业发展的关键时期，工作稳定，收入较高，城中有房，上有老人要照顾，下有小孩要读书。他们把老人从乡下接进城，方便照顾，也需要老人帮忙照看上学的小孩。但是老人不习惯生活在喧嚣的城市中央，他们喜欢有山、有水、有田园、有乡村记忆的地方。这种地方大城市的中心城区肯定没有，只能是在城市的近郊，交通便利，城市设施齐全，更重要的是要有高质量的教育设施，这样的近郊十分稀缺。浔龙河生态艺术小镇正是为这类人群量身定制的一个全维度的解决方案。

三是在大城市打拼了几十年，取得了一定成就的本地人群。他们前几十年外出奋斗，为的是衣锦还乡，荣归故里。后几十年他们返璞归真，回到田园山水间，可以继续投资创业，也可养生养老，享受生活。浔龙河生态艺术小镇在生态、旅游、研学方面的特色正好符合他们的需求。

上述三大人群，在中国关乎1.5亿个家庭，约4亿人口，他们是国家拉动投资与消费的中坚力量，将成为特色小镇的主要消费人群。浔龙河项目区的构想与建设，正是顺应了这样一个庞大群体的需求。因此，顺应生产、生活、生态融合发展的大趋势发展"大康养产业"是时代所需。

基本思路是，依托良好的自然资源基底，将国有建设用地、集体建设用地、流转土地进行混合使用、合理布局，加速打造集养老、养生、旅游于一体的康养生态圈，包括基础层的康养护理、康养保险、康养医疗、康养生活社区、森林康养园等，延伸层有康养消费、康养娱乐、康养精神慰藉、康养金融等，环境层有康养科学研究和康养观念等。

引入"医养结合"，融合绿色与自然发展理念。"医"即通过建立健康管理系统，制订健康计划、8小时在线咨询、教授健身气功、进行膳食调养、举办养生主题和专家预约挂号等服务；"康"即通过专业的康养训练和各种文体娱乐活动，促进身心健康；"养"即通过日托服务，为有生活照料需求的老年群体提供饮食照护、营养午餐、服药管理、起居照护、助浴服务等专业日间照护服务，满足人们"身体健康、心情愉快、生有所养、老有所乐"的基本诉求，以融医、疗、养、社区服务于一体的健康产业作为高端配套。

随着浔龙河生态艺术小镇"五大产业"协同并进的发展，一个充满中国元素、中国风范的生态艺术小镇正在茁壮成长。

04

日常生活与钱袋子

在浔龙河，无论是衣、食、住、行还是婚、丧、嫁、娶，都有非常深厚的历史渊源。伴随着新时代的来临，人们的日常生活也越来越丰富。除了传统的节庆、礼仪之外，浔龙河的文娱生活、经济生活以及政治生活也蓬勃发展。清晨五六点，你可能会发现村子上的妇女们结伴上瑜伽课；节假日，村上的"好呷街"一点儿也不逊色于大城市的繁忙；傍晚，当村民吃完晚饭看着村组微信群时，实时的新政策也同时普及到了普通村民的日常生活中。

"小康社会"对于正在振兴中的浔龙河村村民来说是一个美丽却并不遥远的词，每每看见村子的一个一个项目落成，自己的生活越来越便捷、舒适、健康，每个浔龙河的村民都会打心底里高兴，脸上的笑容中包含着对过去艰苦岁月的缅怀，也有对未来生活的信心和满足。从过去到现在，浔龙河村村民经历岁月沧桑，终于迎来属于自己的美好时光。在变迁的社会演进中，浔龙河村的衣、食、住、行等日常生活越来越丰富。

一、衣、食、住、行

　　衣、食、住、行关乎一个地方的内在文化，所有的地方文化都依据人文、气候、地理条件综合形成，所以才会有"一方水土养一方人"的说法。想要全方位地了解浔龙河村，衣、食、住、行必然是少不了的。我们查阅了浔龙河村志找到一些材料，这些材料中记载着浔龙河变迁的痕迹。

（一）服饰

　　话说中华人民共和国成立前，浔龙河村民衣着多为粗布，颜色则以黑、白、灰、蓝居多，上衣一般为大襟和襟粗棉布。人们的物质生活普遍低下，农村群众的穿衣朴素单调。当时，村民衣物不多，难得做新衣服，一套衣服一家大小轮着穿，严寒冬季只能靠旧棉被和稻草保暖。村民没钱做鞋，出门走路穿草鞋，下地劳动打赤脚，一年只穿半年鞋。

　　20世纪60年代初期，农村开始流行大布衣，农民家里一般都要做两件。但新衣服要留着出门再穿，而且要保持三年新色。旧衣服格外珍惜也能保旧三年，烂衣服缝缝补补再穿上三年。补丁上打补丁，实在穿不下去了才洗净做抹布,这就是人们常说的"新三年,旧三年,缝缝补补又三年"。

进入60年代末期,随着社会经济的复苏、纺织业的发展,市场上出现了斜纹、条纹、条绒等布料。浔龙河村民开始换新装,那时村内流传一句顺口溜:"农民穿上中山装,钢笔插在裤袋上,脚穿胶鞋走路爽,全靠中国共产党。"那些追求时尚的年轻人开始穿制服、中山装,插钢笔,留分头。

改革开放以来,随着社会经济的快速发展,国民生活水平不断提高,村民的小日子也逐渐富裕起来。市面上的衣服款式多色多样、新潮时尚,浔龙河村村民对衣服的选择呈现出个性化趋势,人们根据自己的生活品位自由穿戴。村民们身穿羊绒衫、皮衣和呢大衣,脚穿高档皮鞋,夜盖蚕丝被、鸭绒被,衣着条件有了翻天覆地的变化,反映了浔龙河和浔龙河的村民在新时代的生活越来越富足。

(二)饮食

中华人民共和国成立前战争不断、自然灾害频繁,人民朝不保夕,生活艰苦。浔龙河村民以红薯、麦米、荞麦为主食,食用油以糠油、棉油、茶油为主,贫困时期甚至无油可食。1952年开展土地改革运动后,村民分得土地,走上合作化道路,集体经济逐年发展。村民开始种植水稻,每年有30%的口粮自产自给,食用油以猪油、菜油、茶油为主,基本解决温饱问题。

党的十一届三中全会后,农村实行土地家庭联产承包责任制,从计划经济转变为市场经济,农民的生产积极性得到空前提高,不仅家家户户有饭吃,而且食材丰富。

进入21世纪,村民的饮食观念已经从吃饱变为吃好,更重视营养、健康。

（三）住房

住房是人类赖以生存的基本条件，人们不断为营造适合居住的环境而努力，经济略有节余，就为自己建设坚固耐久、舒适、气派的房屋而忙碌。过去住宅多以"四缝三间两披厦""五间头""一把锁"等形式为主，一般为平房、南北朝向、土木结构、小片青瓦，贫苦人家屋顶盖稻草或杉树皮，室内摆设以木制家具为主，卧具大多为木架床，厨房、厕所、猪舍多建在披厦的前后间内。

改革开放以后，村民们开始建筑红砖平房和楼房，大柜等旧式家具开始被"西式木器"取代，灯具由白炽灯改进到日光灯、台灯。20世纪90年代末到21世纪初的十来年，住宅建设进入高峰期，多数修建二层楼房，且室内装修讲究，富裕家庭甚至采用实木板、红木家具、高端厨具等。

现在屋舍的安排和屋内的设施各有千秋，人们根据自己的生活习惯，分别建有客厅、卧室、厨房、卫生间。室内大都进行了装潢、贴墙纸、摆设沙发、茶几、书桌、梳妆台、衣柜等家具，冰箱、洗衣机、彩电、空调、电脑等电器设备也进入寻常百姓家庭。

关于住房还要强调一点，目前浔龙河村（不包含原来的红花村，由于红花村地形以平原为主，因此大多农户以耕地为业；原双河村地形多以林地为主，经过全村民主决策，进行全村土地流转，住宅被拆迁的村民将会被搬入拆迁安置房中）的拆迁安置房是村中各个组眼热的好地方。整个安置区是典型的徽派建筑风格，颇有江南水乡的素雅之气。

拆迁安置房分为210平方米和280平方米两种户型，分为4种房型。房型整体布局均为三层小楼，一层前靠街为商铺，后为院子和车库，院子中还有一个小房间用于放农业用具，若是非农户的人家也可以将其作为储藏室，十分方便，二楼和三楼均是住房功能区。原本一楼的院子是露天的，但是由于村民反映不方便，经过村民投票，政府、企业、村民三方均出资进行院顶修缮工作，村民陈逸告诉我们，村民出一万多元，剩下房屋修缮的钱由村部补助。因此，现在二楼很多人家有小露台，立秋后的晚风吹拂，工作了一天的村民在自家的二楼露台，一家人围坐在一起吃晚饭，对于曾经生活困苦的浔龙河村民来说，能够住上这样好看又实用的新房，都感到非常幸福。

▌浔龙河村的安置房

（四）出行

过去农民出行没有代步工具，就凭两条腿。在浔龙河，如果有行走不便者需要出行，就坐上手推车，由劳动力推着出行。在农业生产期间，一根扁担两只筐，靠的全是双腿。在农闲时节，从事商贸活动也是靠双腿，可谓是双腿走天下。那时，浔龙河村的经商者做生意进货都是靠人用扁担箩筐从几十里外的城里挑回来，一路上，肩膀酸了，扁担就在两个肩膀之间来回换，腿脚没力了，就放下担子歇歇脚。家境稍好的村民，就请来木工制造两个盘的手推车（俗称土车子），给农业活动减轻了不少负担。那时乡村的道路都是坑坑洼洼，深深的两道沟便是土车子一次次轧出的辙印。

到了20世纪60年代，农村部分人家买了国产"凤凰牌"、"飞鸽牌"或"永久牌"的自行车，开始以车代步。村民的出行条件得到改善，逢年过节、赶集上庙不再是清一色的肩挑人担的场景，这种状况一直维持到20世纪80年代。之后摩托车在本村年轻人中逐渐风靡起来。

现在，浔龙河的出行更为方便，乡村公路交织成网，黄兴大道纵贯南北，宋水公路横连东西，都是高标准的硬化路面。随着人民生活水平的提高，小轿车已经开始进入普通家庭，目前浔龙河村的小轿车、客货车有几百辆，出门有摩托车、电动车、出租车、城乡公交车，旅行有私家车、长途汽车和火车，十分便捷，昔日以步行为主的出行方式已成为历史。

二、婚嫁习俗

问起浔龙河的婚嫁习俗，老人们说，1949年前一般包括4个流程，分别为议婚、订婚、待嫁、迎娶4个环节。

（一）议婚

议婚便是男方家请媒人往返于男方、女方两家商量缔结婚姻关系，包括提亲和相亲两环节，提亲是先由媒人中间沟通，经过双方父母同意，把生辰八字告之对方，确定双方互不"相克"后，订下婚事的过程；相亲是经媒人说合，男女双方通过见面、走访、考察彼此的人品和家境等一系列行为活动。

（二）订婚

男女双方互相认可后，男方择好吉日，举行"订婚"之礼，请媒人、双方家人及亲戚参加，落实联姻意图，缔结婚约。订婚分为"小订"和"大订"，"小订"是订婚的初步阶段，送礼简单，无须聘礼，多为双方交换袜子、手帕之类的信物以及婚约；"大订"要求丰厚聘礼，仪式也较为隆重。

（三）待嫁

聘礼已下，婚期已定，女方筹备嫁妆，包括日常用品和婚服等，所用资金多以男方聘礼为主，女方姑表、叔伯等嫡系亲戚赠送糖果、柿饼，并放置在果盒里，俗称"添箱"。结婚前一天或两三天，女方把已备嫁妆送到男方家，俗称"送嫁妆"。

（四）迎娶

迎娶是联姻过程最为隆重、热闹的环节，男方用花轿迎接新娘，新娘下轿，脚不沾地，在厅屋拜堂毕，新婚夫妇入洞房。女方送嫁亲人吃喜酒，男方亲友作陪，新婚当晚，闹新房不拘礼节，以逗笑新娘为乐事。婚礼次日或第三日，新娘新郎回娘家省亲，俗称"回门"，娘家设午宴答谢。

中华人民共和国成立后，1950年颁布《中华人民共和国婚姻法》，婚俗习惯发生变化，取消了抬轿迎亲，不拜堂、不索彩礼，新风气为之开启。

20世纪60—70年代，随着自行车的普及，加之移风易俗的倡导，曾以骑自行车娶亲为时尚风潮。新郎新娘各骑一辆"永久牌"的自行车，佩戴红花，随迎亲队伍走村过街，落落大方，别有一番景象。

进入21世纪，随着社会的进步，人们的婚姻观念逐渐现代化，自由恋爱、自主婚姻成为潮流。

三、丧葬习俗

"丧葬礼"是人生四大礼仪之一，也是古今中外各民族推崇的礼仪。中国汉族的丧葬礼自周代以来，历朝均有改革，但其基本观念和仪式未变。浔龙河地区丧事的礼仪风俗比较复杂，主要有10个重要的流程：治丧、鸣炮报丧、打水装殓、祭奠、法事、坐夜、灵屋、出殡、抬柩、构墓。

治丧被浔龙河当地称为"老了人"，家主用白纸将写有"当大事"的丧事文书悬挂于门上知会众人。孝子在长者落气的当天需要去舅家报丧，到达舅家在进门前要先鸣炮报丧，然后才能进屋向长辈告知详情。回家后由长者开道，领孝子打水装殓，当地人将入棺称为"上材"。入殓后，立搭孝堂，罗孝帷，点长明灯。亲友来吊唁，不论年长年幼，孝子均下跪相迎。女眷每天早晚到孝帷内号哭一场，俗名"闹丧"。在祭奠期间，家中还需伴随法事的进行，以慰先灵。

孝子通宵守灵，即称坐夜。宾客都聚在孝堂听夜歌。夜歌是一种民间挽歌，来源已久，周朝时即有"子夜之歌"。浔龙河村多请歌师来唱，连唱几晚，有一定的曲调，内容主要是"二十四孝""十月怀胎"等。至出殡前夕，唱"辞别歌"，唱逝者生平，感人泪下。

出殡前一天，治丧活动达到高潮，吊唁宾客络绎不绝，丧酒有多达几十席甚至百余席的，最后迎接舅家。当天一般有封殡（又名封灵）、告祖、成服、烧灵屋、打八封灯、开路灯等活动。送葬时，需要8～12人不等的抬灵者为葬者抬灵，亲朋好友均来送葬。中华人民共和国成立后，土葬旧礼渐除，提倡火葬，丧事多从简，以开追悼会为主。

四、文娱生活

自从浔龙河村发生了翻天覆地的变化之后，村子里的文化生活也越来越丰富。村子上的湖南下乡客浔龙河文旅有限公司经常举办各种活动，在吸引周边城市游客观光浔龙河村的同时，也为村子里的村民带来了不一样的文化生活。

2016年4月30日，疯狂的麦咭嘉年华在浔龙河麦咭启蒙岛正式开园。嘉年华总占地面积超过1500亩，从"五一"劳动节持续到"六一"儿童节，是当时湖南最大的一场移动乐园式亲子嘉年华。乐园有TFBOYS挑战过的麦咭密室，还有湖南卫视《快乐大本营》《偶像来了》等节目里面玩过的创意游戏等，超40项各具特色的体验项目全面开放。完成挑战任务后，大家都能获得由麦咭颁发的"麦咭小勇士"奖章。

通过一天的游玩体验，无论是大人还是小孩，都大呼过瘾，纷纷表示要带家人和朋友一起来玩。现场还有很多好玩的游乐项目，如水陆大冲关——

▍麦咭嘉年华

"夏日小岛""疯狂树屋",麦咭大冒险——"童话城堡""童话小镇"等好玩的冲关游戏。

村民李玉秋家三世同堂,家里的小孙子是李玉秋和丈夫的心头宝,平时村上举办好玩的活动,李玉秋总是要带孩子去玩玩。麦咭嘉年华是孩子们的游戏天堂,各种益智性的活动在锻炼孩子们身体素质的同时也开发了他们的动手能力,让他们真正地在玩中学、学中玩。在体验各种游戏项目过程中,孩子更愿意跟父母长辈沟通,可以说对于家庭教育而言也是非常有助益的。

因此，李玉秋也十分乐意带着小孙子参加麦咭嘉年华的活动。

平时李玉秋闲在家中的时候，有时候会参加浔龙河艺术团组织的活动，和姐妹们去唱唱歌、跳跳舞。有时会起早参加户外瑜伽（当地人称为"早课"），早上的瑜伽课是免费的，锻炼一个小时，5点钟就开始，早课看似很早，但是去的人还挺多的。李玉秋说不要以为只有老太太才会去上早上的课，像村子里二十几岁的小姑娘、三十来岁的小媳妇早上也都会参加。四五十岁的中老年妇女参加"早课"都是普遍现象。每周一、三、五的晚上有室内瑜伽课，课费也不多，十几块一节课。有的时候办个年卡1700多元钱还送一个月的课，对于李玉秋来说老年人能有一个地方学学东西，并不拘着是什么形式，和朋友说说话儿，运动运动出出汗，有益身心，都是百利而无一害的娱乐生活。

除了瑜伽课，浔龙河艺术团还请来了专业的舞蹈老师、声乐老师教感兴趣的村民唱歌、跳舞，而这些文体项目的课程也均是免费的。每个周六，李玉秋和周围的姐妹们就会结伴赶去参加课程的学习。课程安排也是十分人性化的，例如7、8、9三个月比较热，课程就会缓一缓再上，学会了使用微信的村民们，巧妙地运用新的交流方式沟通着彼此，有时是课程安排的通知，有时只是相互之间的问候。因为浔龙河离果园镇大约五六里路，平时上课的地点就定在了果园镇的文化馆。如果不是浔龙河村发生了翻天覆地的变化，李玉秋知道这些丰富的文化活动是不会出现在自己的生活中的，故而她心中充满对浔龙河村变革振兴的感激。

"小园新种红樱树，闲绕花枝便当游"，2017年3月11日浔龙河樱花谷开园暨首届樱花文化节开幕。身处浔龙河村，我们可以在春花烂漫的3月相约去赏樱看花。樱花谷成为周围城市居民周末郊游的好去处，除了有浪漫的樱花可以欣赏，樱花谷周边的各种小吃也可以满足赏樱人的味觉体验。对浔龙河的村民来说，樱花谷既是游玩的胜地，也是与家人亲近的地方。平时工作繁忙，节假日或周末结伴而行，感受到的不再是生活的压力而是生活赐予的美好，每一个独立的个体之间因为血缘、地缘、业缘等缘分，相遇在樱花谷，接受生命与自然的馈赠。

浔龙河村的新年总是充满着浓浓的年味，浔龙河艺术团每到过年总是很繁忙。村里村民从很久以前就有过年看舞龙狮的习惯，每到这个时候，每家每户都会给艺术团的史团长预约新年龙狮队上门表演事宜。史团长说到龙狮队非常自豪，浔龙河村的龙狮队得过很多重量级的奖项，这也充分体现出浔龙河村对于舞龙狮的重视。有时候家中有过年走亲戚的亲属来串门，闲下来也不只是聊聊家长里短，还会邀请自家亲戚观看舞龙狮，为自己和亲戚增加福气。

2018年2月27日到4月7日，在湖南下乡客浔龙河文旅有限公司的策划下，"龙跃浔龙·2018动感幻彩新春灯展"在樱花谷举办，创造的"龙灯"是超越吉尼斯纪录的世界最高最长的彩灯隧道巨龙。龙头高8米，龙身高3米、宽3米、长666米，从头至尾分为9大部分：独占龙头、平安出行、逢考必过、爱情美满、婚姻幸福、家庭和美、事业腾飞、财运亨通、福寿绵延。村民中有很多老年人，从他们出生至今也许都没有离开过村子，外界的繁华他们也从未有机会触及，因此，当他们看到这用灯制成的龙灯的时候除了惊叹之外还有点像孩子探索新世界一样，在龙身中漫步，感受不一样的元宵节，不一样的元宵花灯。

相对于村子的核心之处，后并进来的红花片区的村民们平时的文娱生活也是十分丰富的。红花片区身处山坳中间，村子在历史上曾经多次发过大

▌浔龙河樱花谷

水。改革开放之前，乡村里电视是很少见的，因此那时候的红花片区的村民喜欢唱花鼓戏，很多十七八岁的年轻女孩儿和青年都以善唱花鼓戏而自豪，据一位75岁的老奶奶说，当年唱花鼓戏的盛景简直可以用"万人空巷"4个字来形容，只要知道哪边有花鼓戏演出，当天晚上村子里的人一定都早早地吃完晚饭，赶到演出地点等待着演出开始。老奶奶说自己和老伴儿就是在看花鼓戏的时候认识的，直至现在一起相伴走过大半个世纪。想起那时候的生活，老奶奶说虽然生活艰苦，但是精神上一点都不辛苦，相反现在很多年轻

▎浔龙河的"龙灯"

人因为没有这些交友的场合，天天拿着手机玩来玩去，影响了视力的同时交际圈也越来越小。

2015年红花村并入浔龙河村之后，为了促进村民间的互动，浔龙河村部经常会到红花村放电影。下乡放电影是很久之前就有的文化活动。如今，村民们又重新走出家门，相互打着招呼，结伴一起看场电影，聊聊天，增进彼此的感情。

红花村的文体活动种类很多，老年人和一些在附近小学做老师的村民平时喜欢写写毛笔字，村子上也举办过毛笔字大赛。老年人能参加的文体活动由于受到身体素质的限制，一直类型都比较少，通过举办毛笔字大赛，除了为老年人之间创造了交流的机会，也方便调节老年人晚年生活的节奏和内容，有益于老年人的身心。

村子上还举办过篮球赛。在村组的党组织部办公地点的前面是一个篮球场，中青年的男性村民会在节假日回村之时，找个时间大家之间通过篮球比赛，亲近一下彼此。和浮龙河核心村多丘陵的地形不同，红花片区的耕地较多，大多数村民除了种田之外，一般还会进城打一份工，只在农忙、节庆回家。这些作为中流砥柱的中青年男子会通过一场热血的篮球赛来舒缓长久劳作的身心，促进邻里交流。村里的男性村民对体育活动都非常喜欢，可能这就是他们习惯的交流方式。

▌新大屋组老人的书法作品

农村留守人口最多的一般是三个群体：妇女、儿童和老人。红花村的妇女们个个都是文娱活动的好手。妇女主任曹运香向我们介绍，村子里妇女多，自然要多举办一些文娱活动，这样也能将女性从乏味的劳作中解放出来。村子里组建了腰鼓队、女子舞龙队、柔力球队、跑旱船队等文娱活动团体。

在这些文体队中，最令村民们自豪的就是女子舞龙队。曹运香告诉我们，女子舞龙队从建立到比赛只用了一个月的时间。浔龙河艺术团委派专业的舞龙老师下乡进行指导，村子里的妇女积极参与训练，对于一个即将比赛的队伍来说，时间就是生命，妇女们用空余时间尽可能地多练习。有时候因为训练时间过长，这些从未接触过舞龙的妇女们，手掌长期和舞龙的撑竿接触摩擦，磨出了一个个水泡。但是也可能是湖南人的性格使然，绝不服输就

调研新大屋组

■ 女子舞龙队的"龙"

■ 新大屋组的各种荣誉

是这群女性的本色，她们最终还是获得了冠军。舞龙一般都是由男子进行，女子舞龙队从这个村子走出来，也在周边的村子打出了名声，村民们有红白喜事时纷纷邀请这支女子舞龙队表演。

曹运香说起这件事的时候双眼发亮。那是一种信仰的力量，相信女性虽然力气比不上男性，但是要说毅力，那也是一顶一的"巾帼女英雄"。

五、经济生活

在浔龙河漫步时，"好呷街"是非常醒目的，这条街上有各种各样的长沙特色小吃，游客们在浔龙河游玩的过程中，还能享受到浔龙河的美食、乡村文化……

在集中安置区，安置房的设计十分合理，一层的前铺后院，为拆迁安置的村民带来了"保底"收入。目前，每一户村民一层商铺依据面积计算房租，出租给村委。租金是18元/（月·平方米），每三年递增10%，例如一家人一层的商铺面积为67.78平方米，这家人一年光商铺租金的收入就是14640.48元。像有些村民分配安置房的时候分了不止一套房，可能有两套房的，就会自己家住一套，另一套房整租出去，可以做民宿、旅馆，也可以将二、三层按10元/（月·平方米）出租，那么整租纯收入可达32970.48元/年。而且租金按每三年递增10%的幅度增长，村委包租8年，这样保证店铺绝对不闲置，也间接保证了村民租金的收入。

店铺统一返租给村委后，村委作为二房东进行分租。56岁的谭波林是浔龙河村的村民，也是好呷街上一家店铺的店主。据谭波林介绍：当时，村委在遴选各种有特色的湖南小吃入驻好呷街的时候要求是非常严格的，不仅要保证每种特色小吃不重样，而且要保证每种小吃有特色。因此，所有入驻好呷街的商户都是经过层层筛选的，所销售的小吃质量都是有保证的。谭波林家经营着一家长沙烤肠店，长沙烤肠是一种传统长沙小吃，深受人们喜爱，我们在谭波林的邀请下也品尝了具有湖南特色的烤肠，的确外脆里嫩，非常好吃。平时，因为家住石禾组的谭波林离好呷街比较近，不是旺季的时候，店铺的工作量也不是很大，所以一般是谭波林独自照看店铺。媳妇在家带两个小孙子，儿子在外开货车。一到旺季，店里生意非常好，媳妇、儿子就双双来店里帮忙，谭波林就收收钱，剩下的事儿交给儿子和媳妇，虽然忙忙碌碌但是小店的经营也是有条不紊。目前，谭波林独自住在浔龙河村的石禾组，家里的老房子等着拆迁，儿子媳妇带着两个小孙子住在星沙。在星沙，

村民谭波林

儿子有两套房子，一套居住一套出租，生活倒也闲适、安逸。

烤肠店到周末每天收入500元到600元不等，如果到了清明节、"五一"劳动节、国庆节等长假期间每天赚一两千也是不成问题的。2018年7月至10月房租调整，1626元/月的房租相对于一个家庭来说也是不少的。到了樱花盛开的季节，村子上的文旅公司组织筹办各种活动，艺术团在好呷街表演各种特色演出，吸引很多中外游客和考察团来访。谭波林家的烤肠店赚得盆满钵满。每年总有那么几个月，月营业额能达到上万元。繁忙的时间总是过得很快，虽然很累但是看到收入不断增长，心中满怀喜悦。对于一个农村家庭而言，支出不高，收益比较富余，生活过得就会比较舒心。谭波林一家对于现在的生活就非常满意，这样的生活有忙有闲，不用担忧收入不稳定，也不用担心环境不好。2016年，当村子上通了公共汽车后，出行也变得非常便捷，有时候家中有老年人生了病之类的，去星沙的医院坐公交车都还比较方便。

村民李玉秋的家中有一个小孙子，小孙子在我们来访的时候已经去上跆拳道课了。询问跆拳道馆在什么地方，李玉秋告诉我们，跆拳道馆就在镇上。李玉秋家中有两个儿子和儿媳，一个孙子和自己的老伴儿。大儿子是《长沙晚报》的记者，二儿子在果园镇上开饭店，自己老伴儿在外面做木工、做家装。浔龙河集中安置区建成的时候，很多村民装修房屋，李玉秋的老伴儿也在村子里做过家装工作，每年也能有几万元的收入。在外打工也是有忙有闲、有近有远，工资大约200元一天。2017年在外做工10个月，有时做工的地方离家里近，老伴儿每天就回家里住，有时候去的地方比较远，老伴儿就会住在务工的地方。大儿子今年刚结婚，大儿媳在外企上班，平时因为工作繁忙也不经常回家。李玉秋和二儿子一家现在住的房子原本是大儿子的拆迁房，主要是因为二儿子的安置房还没有建好。老大工作离家比较远，

▌浔龙河村民集中安置区之一

再加上弟弟一家暂时没有居住的地方，因此就先将房子给父母和弟弟一家居住，像门面出租的租金和过年过节、平时的零花钱，老大也全都交到李玉秋的手上。每家的土地流转一年大约有七八千元的收益，这钱也是放在李玉秋的手中。光纯收租金，李玉秋家一年的收入就将近两万元，生活也因此得到了保障。组上征用过的土地进行项目运营，项目获利后每个村民也会获得相应的补贴，大约上千元，但是项目并不是每年都有，因此，这笔收入也是属于不固定的。

二儿子在果园镇上开饭店，因为离家很近，每天晚上会回家来住。据李玉秋的描述，饭店的生意还是非常不错的。二儿媳在星沙上班。二儿子和二儿媳有一个孩子，就是李玉秋的小孙子，上半年的时候小孙子是送到果园镇中心小学上的学，下半年据李玉秋说就会将孩子送到北师大长沙附校上学，

9月开学直接上二年级。因为北师大长沙附校刚刚落成，因此接收的孩子包括小学一、二、三年级。对于这样一个家庭来说将孩子转校是一件大事儿，但也是一件好事儿，学校离家近又是名校，对孩子的成长和教育都会起到积极的作用。"孩子能去北师大（附校）上学，那可是高兴的事儿！"李玉秋说这话的时候发出的是农民最朴质的感叹。北师大附校的学费为每年8800元，虽然相对于公立学校来说学费较高，但是教学质量也更有保证。可能是孩子纯真的天性使然，对于李玉秋家的小孙子来说，教学质量并不是他考虑的第一位。一开始妈妈和他说下学期要转校去北师大附校上学的时候，孩子的小脸是耷拉下来的，因为他舍不得自己原来学校的老师和同学。当爸爸妈妈说新学校里也有很多熟悉的小朋友和老师时，小家伙又变得开心起来。

村民陈逸说自己是浔龙河村的女婿，每年家庭收入十四五万元，妻子在好呷街上经营一家"笨笨鸡排"，生意做得也算红火。因为家里人都一起住到了星沙，所以就将安置区的房子整栋出租出去了，每年的租金收

浔龙河村民集中安置区之二

益在4万元左右，而自己正在经营的这个门店一月的房租只有一千多元，所以一年算下来要支付的租金也就一万多元，收入远远大于支出。由于浔龙河生态艺术小镇目前依旧处于开发的情况，所以依旧存在游客不固定的情况。游客接待量最多还是6、7、8、9、10这5个月，考虑到营业额的问题，会给店主们减免部分房租，以持平整年的收益。

2016年好呷街开街运营，五湖四海的游客集聚到这个小村上，"来的旅客真是人山人海！还有好多外国人哩！"这是陈逸当时对我们的描述。刚开始运营的时候，村上的游乐设施比较多，但近两年村子上搞建设搞发展，重新规划后的浔龙河将一些游乐设施搬迁或是拆除了。

陈逸目前在一家上市公司工作，自己不参与妻子小店的经营活动，年薪

▎村民陈逸

10万多元。北师大附校的落成，牵动着浔龙河村村民的心，尤其是家中有孩子的更是把北师大附校的情况放在心上。没有一个父母会在孩子的教育问题上吝惜钱财，陈逸一家也是如此。陈逸的妻子也曾为了自家的孩子去询问过北师大的上学事宜，每年学费、学杂费、住宿费等算下来需要4万元。对于陈逸家来说，虽然不算多，但是也不算少。为了孩子的未来，陈逸表示孩子初中还是要送他去北师大附校念书，这样孩子未来的前途也会更加敞亮些。

六、政治生活

自从村子里建立了"O2O微信平台"之后，无论是传递党政消息还是通知各种公告信息都非常的便捷。谭波林告诉我们，像村子里组织体检之类的活动时，每个村组的妇女组长就会在微信群组中发布消息，村民们就可以及时参加体检。有一次，石禾组的村民发现由于施工导致家中的饮用水浑浊无法饮用，便通知到石禾组的群组中，群组的党组长查看了现场后，发现的确有饮用水浑浊的现象。于是石禾组的"民生快递员"就将此问题反映到浔龙河村部群中，村部派干事下来查看后，发现情况属实。但是浔龙河没有专门处理此类问题的专家，就又通过浔龙河村的"民生快递员"，将问题反映到果园镇。就这样一层一层向上传递问题和情况，直至长沙县县政府群组。长沙县县政府得知石禾组的问题后，派专员下来解决了问题，发现建设基础设施和工程的时候难免会影响到饮用水的管道或是类似井水的地下水源，唯一的解决方法便是"送水下乡"。一车车清澈的饮用水送到石禾组村民的家中，尽管没有彻底解决水源问题，但是却解决了村民生活的燃眉之急。对于村民来说，"O2O微信平台"除了是上传下达的通道和平台，也的的确确是惠民、便民的交流工具。

据李玉秋说之前有的人家装上自来水了，但是有的人家还没有装上，所以没装上自来水的村民就有意见了，将情况反映到微信群里。村委们看到诉求后就着手解决了问题，速度非常快。

原本集中安置房的车库是露天的，陈逸说露天的车库在雨天或者太阳大很晒的时候用起来就很不方便。有的村民就自己出钱"盖"房顶，后来"盖"房顶的村民越来越多，一开始村民是私自搞违章建筑，自己封顶，但是反映不方便的村民越来越多，就集中反映到"O2O微信平台"上。村委面对问题也是迎难而上，立即就和安置房的设计师商量，拿出两套方案，任村民选择，最终确定了以"平顶"作为封顶的造型，封顶的费用由村委和村民共同承担。陈逸跟我们说，自己家拿了17000多元，剩下的由村委支付。微信平台对于浔龙河的村民来说，已经是不可或缺的生活服务平台，是真正为百姓服务，从群众中来，到群众中去的真实案例。

村民张平向我们介绍浔龙河的"O2O微信平台"时特地说了关于"微心愿"的事儿。2016年6月30日，浔龙河村组织开展了庆祝建党95周年"传承革命精神、建设全面小康"主题活动。其中的"微心愿"环节将整个活动推向了高潮。"微心愿"是浔龙河村党支部党建"O2O"服务平台发挥服务群众功能的重要体现。在建党节前夕，浔龙河村党支部通过"O2O"服务平台征集群众急需实现的微心愿15条、党员的微心愿3条，由党员来实现群众的微心愿，支村两委成员满足党员的微心愿。这些微心愿大多是群众生活中急需解决的一些生活小问题。在活动现场，广大党员通过"抢红包"的形式，让一个个微心愿被认领。这些微心愿被认领后，将由村党建办监督认领人在

▍浔龙河村民集中安置区之三

一个月内予以实现。有的村民需要洗衣机，有的人家需要一辆自行车……每一份心愿都得到了实现。徐宏勋书记向我们介绍："我们本来以为党员的热情需要调动，才会在群里发红包，进行心愿认领，但是党员的党性在各种活动中不断提升，红包只是大家爱凑热闹，心愿认领和实现心愿监督根本不需要，党员们都很积极地实现群众们的微心愿。"

在安置区内，原本我们以为拆迁的只有五七组的村民，其实不然。目前，拆迁的除了所有五七组的村民之外还有四散分布着的部分大冲组的村民等。据潭伯恺（大冲组组长）说，安置区内的环境是有目共睹的好，联排别墅式的小楼，独进独出，晚上有路灯，不仅居住舒适还有可观的拆迁安置费。但是由于第一批数量有限，只有80户，而且还是分散在不同组的村户，所以分外想住进新房的大冲组村民为了实现自己想拆迁的愿望，在2018年7月底对村委提出了自己的诉求。

后来通过浔龙河村村民委员会、湖南棕榈浔龙河生态城镇发展有限公司与未拆迁大冲组农户三方协调，达成一致意见。湖南棕榈浔龙河生态城镇发展有限公司做出承诺，表示将根据浔龙河生态艺术小镇总体规划和项目建设的需要，将按项目进行的先后时段对村民进行搬迁、付款和安置（经与镇村协商，在一期二批中进行安置），并承诺大冲组尚未拆迁的11户农户，在2018年农历十二月三十日将房屋进行倒地，并于2019年农历十二月三十日前将相关款项支付到位。

当时柳中辉书记回到还被称为双河村的浔龙河。李玉秋观看了选举村书记的活动，据李玉秋介绍，柳中辉竞选的时候除了他还有原来的老书记。老书记为曾经的双河村也是付出过艰辛，村民们都是参与者和经历者，感恩老书记的作为，到底选谁还是有些纠结。不过经过村民投票，柳中辉最终以高票数当选浔龙河村的书记，历史的使命还是落到了年轻人的肩上。正如我们所看到的那样，柳书记正带领着浔龙河的村民们在建设美丽新农村的致富路上大步前行着。

过年的时候，村委会组织村委干部进行慰问老人的活动，年满70周岁的老人，每个人可以得到200元的慰老金，特困户分等级发放慰问金，有重大疾病的人家也会得到村子的关心与慰问。长沙县对于敬老活动也非常重视，像浔龙河的村民满100岁每年发放500元慰问金，满90岁每年发放200元慰问金，满80岁每年发放50元慰问金。

陈逸的妻子参加了浔龙河的民兵自治组织，一年下来的收入有一千多元。平时的训练非常严格，训练的教官一般是退伍老兵，其中一个教官从小学习武术，在民兵营中很有声誉，村民们也敬佩他。在教官的严格指导下，浔龙河的民兵营开启了有序的训练任务，比如拉练任务、疾行锻炼或是到烈士陵园学习等。这对于陈逸妻子的精神触动特别大，因此尽管民兵营的收入不高，但是她也很积极地参加这样有组织的训练。

浔龙河村和很多其他的村子一样，有不少留守儿童。2018年5月5日，在浔龙河村第三党支部、妇联、团支部及浔龙河雷锋号志愿者服务站的共同组织下，来自浔龙河村的20组家庭参加了以"牵手相伴，爱暖童心"为主题的关爱困难家庭、留守儿童公益活动。

留守孩子在那一天都特别开心！孩子们有的玩，有的吃，还有小礼物收。立夏时节，万物繁茂，浔龙河村易芷芊小朋友背着刚拿到的新书包，脸上绽放着灿烂的笑容。活动中，妙趣横生的互动游戏，考验动手能力的DIY烧烤，温馨十足的亲子手工……在家长及志愿者的陪伴下，孩子的欢笑声此起彼伏，将活动推向一波又一波的高潮。

参加活动的小朋友们得知可以去麦咭启蒙岛免费游玩，中午还可以一起烧烤时，孩子们的欢呼雀跃声响彻天际。组织活动的村委们将新书包送到每一个参与活动的孩子手中时，孩子们拿到书包里的新文具和益智玩具时，眼里泛着光，那是发自内心的欢喜。孩子纯真、快乐的笑颜是每一个人都想看到的，但也是令人心酸的。对大部分孩子而言，去一次游乐园，参加一回户外烧烤，买个新玩具，是一件不能再简单的事。然而，对于这些困难家庭的留守儿童来说，却是奢侈的。

在留守儿童这个庞大的群体中，孩子掰着手指头数日子，盼望着父母

▌麦咭启蒙岛充满童趣的阴井盖

的归期，不是因为父母回来了就会带来各种各样的礼物，而是只要父母回来了，父母的疼爱与关注就回来了。每个孩子都有独属于自己的"小宇宙"，每一个孩子都期待有一个幸福的童年，只有倾听他们内心的声音，给予他们渴望的关爱，才能抚平留守家庭之伤、社会之痛。

浔龙河村组织的"牵手相伴，爱暖童心"公益活动，或许不能改变他们的家庭状况，但一定能在这些孩子的童年里留下些许美好的回忆。未来，浔龙河村还将把关爱困难家庭、留守儿童的这项工作持续开展下去。浔龙河村坚信，每一个孩子都是国家的未来，每一个孩子都应该被用心呵护，在阳光下茁壮成长。

05

乡村医疗与养老

中国有多少美丽的乡村，中国又有多少"空心化"的乡村？"小病不治，熬成大病"是大多数传统乡村中村民们面对疾病的态度。并非村民们不想得到救治，而是对于住宅相对分散的乡村来说，医疗资源无法及时地惠及每一个村民。随着浔龙河的规划发展，村上不仅有了现代化的医疗卫生室，而且还以生态为优势大力发展康养产业，真正实现了乡村"老有所依，老有所养"。

电影《叶落归根》上映的时候，影片中贴近现实、心灵与故乡的情节打动了很多在外打拼的人。说到底，回归故里就是中国人的本心，不管人走多远，最终还是要回到自己出生的地方。"根"所在的地方是人生的起点也是人生的终点，这样一个人的一生才会兜兜转转变成一个闭路环形，最终画上人生的句号。因此，基于对这一国民心态的把握与判断，浔龙河村将医疗、养老作为整个浔龙河振兴项目规划中的一个重要环节。

一、浔龙河的卫生保健

中华人民共和国成立前，浔龙河村（原双河村）里没有治病的药品和专业卫生人员，人们生病只能找当地土医生治疗，或是自己采用民间偏方草药医治。有的人迷信，找神汉、巫婆敬神、化水、驱鬼解脱，不但治不好，而且多数人病情越治越重，甚至不幸死亡。

中华人民共和国成立以后，在上级政府的安排下，在浔龙河大冲队六斗坡成立医疗卫生防治所。防治所的条件很简陋，由两名赤脚医生和一名草药制药人员组成，靠着一根银针、一把草药土法诊治，医治手段较为落后。

20世纪80年代中期，浔龙河村成立了大队合作医疗站。医疗站设有药房、诊室等，诊治条件大为改观。当时的合作医疗制度是大队向每个社员收取一元钱作为合作医疗费，大小病门诊、住院、药费按比例报销，在一定程度上减轻了村民就医的费用负担。从发挥效用的角度看，大队合作医疗站坚持"预防为主，防治结合"的方针，有效地控制和减少了疟疾、麻疹、小儿麻痹症、百日咳、白喉、破伤风、钩虫病、结核病等流行病、传染病、多发病的发病率和死亡率。

2007年，由政府主办的非营利性基层医疗服务机构——双河村卫生室成立（现为浔龙河村卫生室）。卫生室设有诊断室、治疗室、药房、留观室和处置室，配有一名专职执业医师与一名退休专家，承担着浔龙河村1600多人的基本公共卫生及日常医疗卫生服务工作。村民来此看病免收挂号费、诊查费和体检费。药物均按上级要求采购，实行"零利润"销售，多数药品售价在10元以下，有效解决了村民"看病贵"的问题。

随着新农合与城乡居民医疗保险政策的推进，浔龙河村民成了国家农村医疗制度改革的受益者。2013年6月，浔龙河村有110名村民免费参加了果园镇公共卫生院组织的体检活动，65岁以上老人及慢性病患者接受了包括体温、脉搏、呼吸、血压、体重等在内的一般检查，以及肝肾功能、血常规、空腹血糖、尿常规、心电图等辅助检查。与此同时，卫生院医生还为参加体检的村民建立了个人健康档案，满足了村民健康管理的需要。

在由果园镇政府组织的多次无偿献血活动中，浔龙河村民也表现出了极大的积极性。在2013年6月28日举行的无偿献血活动现场，浔龙河村有11人成功献血，在2014年6月19日的活动现场，浔龙河村共有32人报名参加，19人成功献血。

依托浔龙河村良好的生态环境，开发养生项目或疗养机构，是浔龙河村医疗发展的一个重要方向。2014年11月28日，湖南中医药大学副校长何清湖到访浔龙河村，就中医如何融入城镇化发展与村党支部书记柳中辉进行座谈。他认为，浔龙河村开创了新型城镇化的典型模式，为中医优势的发力提供了良好平台。他希望，浔龙河村可以发挥中医医疗卫生、养生保健、技术管理等多方面的优势，走出一条公共服务社会化的特色路子，在浔龙河建设湖南最好的养生机构或者医院，从科普宣教、健康管理到如何指导运动、饮食、推拿等方面开展业务。

2009年开始，由老年协会、青年联合会、村干部为主的三支队伍，外加4个保洁员，专项负责浔龙河村环境卫生工作。他们不仅对村民进行环保的思想教育，更切身实践，负责每季度对全村卫生进行检查，并分组评比。

2012年7月4日，随着环境卫生整治动员信息的发出，果园镇联村干部、浔龙河村组干部迅速行动，齐心协力，动员群众广泛参与，扎实开展以"人人动手、清洁环境、美化家园"为主题的农村环境卫生整治大行动。镇、村干部万立、姚爱明和老年协会谭云浩、周福凯、黄新华3位义务监督员，分片逐户检查环境卫生状况，并根据摸底调查情况，对石禾、桃家等村组的12处露天垃圾进行了捡拾、填埋处理，还为部分垃圾量大的农户增设了垃圾桶。

我们与老年支部的姚爱明聊起关于老年党支部管理村卫生环境的事情，老支部书记姚爱明颇有感触，向我们娓娓道来。浔龙河过去是一个小山村，民风质朴，由于党支部中的老党员一般都已退休在家，所以建立了老年党支部。虽然老党员已经不再是生产生活的主力军了，但就像一个家里的"大家长"一样，在村子里，老党员可以起到模范带头作用，村民们对于老党员的话也比较乐意采纳。

那时浔龙河刚开始搞建设，乡村美不美丽，卫生到不到位很重要。姚爱明当时也明白，卫生环境看似是一件小事，但对整体的村容村貌以及村民的精气神起到至关重要的作用。柳书记当时希望姚爱明牵头来做村上卫生打扫这件事，姚爱明专门召集村里老年党支部的党员们传达了柳书记的谈话精神，老党员们都应声说好，就这样老年党支部成为浔龙河卫生环境的主力军。

令姚爱明印象最深的是2017年的扫雪活动。"去年雪大，路上都不好走，村民们出行很不方便嘞。"说起这件事的时候，姚爱明仍记忆犹新。2017年年末到2018年年初那几个月，不仅仅是浔龙河，全国很多地方都空降大雪。姚爱明看着满地白皑皑的积雪，心中却是焦急的。"这种积雪不及时扫去的话，一会儿太阳出来，雪化了，温度又低，肯定得结成冰，到时候很难清理不说，村民走在上面很容易摔跤。"年底不比往常，外面打工的儿女们带着小孩子都会回乡和老人们团聚，"成年人身体结实，摔一跤最多痛几天也就好了，但是孩子和老人摔一跤，那是要出大问题的"。新春佳节，小孩子们聚在一起玩是常有的事儿，下完雪的村子，"打雪仗"更是孩子们的"必玩"项目。如果在玩耍的时候不小心摔倒，很容易受伤。

与谭明（中）、姚爱明（右）的访谈

姚爱明想到这儿，便组织起老党员们一起清理积雪，"身体还硬朗的，咱们把路上的雪扫扫，让孩子们回家过一个平安年"。老党员们积极响应号召，依据自己的身体情况，开展沿街扫雪的活动。严冬大雪刚停，老人们一个个拿着大扫帚就前往"战场"了。大冬天温度挺低，老党员们却是干得热火朝天，面出薄汗。一些村民们看老党员这么积极地为村民们服务，大家伙儿也赶个热闹，搭把手，一起忙活起来，一天的时间，各个主要干道就被清理干净。姚爱明说，大家伙儿一起干活，不仅气氛好，而且带动了群众一起提高保护村子卫生、安全的意识。大家齐心协力一起扫雪的画面依然时不时会出现在姚爱明的脑海中，历历在目，永留心间。

　　目前，村干部联组包户，由妇女组长担任环保专干、老同志担任义务监督员，环境卫生情况与社会事务相挂钩的村级环境卫生长效管理措施逐步体现成效，并成立浔龙河村环保合作分社，兴建了浔龙河村环保合作社垃圾中转站，对垃圾进行了有效回收处理。环境卫生基本达到了"无乱倒垃圾、无乱堆粪土、无乱放柴草、无乱排污水、无敞养禽畜"的"五无"目标。在果园镇2014年总结表彰中，浔龙河村荣获计生、环境卫生工作年度先进单位。村级环境卫生2014年、2015年两年度在全镇排名为第一、第二名，2015年荣获全县十佳村光荣称号。

二、浔龙河现今的医疗情况

　　目前，浔龙河现在的卫生室由一位郑大夫作为主治医生。但由于调研期间郑大夫生病，我们未曾谋面。询问村部，镇上卫生院是否派人暂替郑大夫的职务，回复是人员安排正在进行中，以保证村民有病可医。从村民们的只言片语中我们了解到，村子的卫生站目前可以为村民们提供日常药品和常规病症的诊断。村民谭波林说，村子上老年人身体素质不高，容易感冒、发烧，谁家要是有点小毛病，一般都会去村上的卫生室找郑大夫看看，拿点药回去吃吃，病很快也就好了。村上体检的时候，卫生室依托村上的"O2O微信平台"发布消息，一般情况下，老人、妇女都会参加体检。"不说为了看病吧，就是去查查身体状况也是好的，看过也就可以放心嘛！"

卫生室里功能区分布明显，费用低廉，对于浔龙河村民来说，日常卫生诊所的功能绰绰有余。当然，如果患有较为严重的疾病，村民们也会将患者送往星沙或是长沙市，长沙市及周围县医疗机构较多。村民陈逸的父亲曾不小心摔跤，导致骨折，陈逸就将父亲送往星沙的医院救治，病情得到了很好的控制。浔龙河村属于城市近郊型小镇，距城市非常近。依托附近城市的医疗资源，20分钟左右的路程就可以抵达城市大医院就医，非常便捷。

由于节假日浔龙河会有很多游客来光临，节日的气氛加上举办的各种各样的活动，人流量较大，老年党支部的党员自愿组织成志愿者，为来浔龙河的游客提供指路、咨询等服务。如有游客受伤，志愿者们也会将游客带到卫生室检查，进行伤口清洗和消毒等简单清理。

乡村的医疗卫生条件一直都是一个大问题，城市医疗条件普遍较高，而乡村的医疗无论是在设施还是从业人员的技术能力上，两者之间的差距都相去甚远。目前来看，浔龙河村虽然相对于其他一些自然村医疗设施和技术人员的配置都得到了很大的提高，但仍不能与城市医院相比，还存在较大提升和改进的空间。

三、康养产业

关于康养产业我们在第三章"五大产业"协同推进的章节曾经介绍过，对于浔龙河村来说，康养产业除了是一个健康生活的高品质产业，它还有利于提高浔龙河村的医疗卫生条件。作为一个示范、试点村，浔龙河村肩负的责任是重大的，不仅仅是振兴、恢复乡村的活力，同时是"打破"和"创新"——打破固有思维，创新新概念。让乡村重新恢复往日的生命力，同时也为乡村注入活力，让村庄自身"产血"，人才自动回流，才是乡村振兴的最终意义。因此，当浔龙河村将"康养"作为一个重要的产业引进村集体规划的那刻起，浔龙河村也因此变得不平凡。

乡村问题有很多，但是最让人担忧的一个是教育问题，另一个就是医疗卫生问题。很多时候乡村留不住人，和医疗卫生之间有密不可分的关系。上文我们提到浔龙河村属于城市近郊型小镇，利用区域优势，能充分运用周边城市的医疗资源，但是往往有时也会出现"远水救不了近火"的情况。对于村民来说，他们的需求不仅仅是一家医院那么简单，而是一整套医疗体系化的服务。也正因为如此，浔龙河村也依据村子的自身需求引进了康养产业，让回归故里的村民可以得到健康、安全的晚年生活。

一个产业的兴起除了带来"实际效益"，其"边际效益"也不可小觑。康养产业属于一种双向型产业，不仅惠及本地村民，对于近郊城市中的上班族而言也是一个疗养、休养的好去处。节假日，市民们可以到浔龙河村进行休闲度假，放松心情。而大量的需求带来了产业的繁荣，随着需求量的增加，康养产业所提供的就业机会就会大幅度增加，也从侧面解决了乡村"就业难"的问题。所以，康养产业对于浔龙河村而言是一个"双赢"的产业。

▌ 浔龙河卫生室

说到当初为什么会想发展康养产业，浔龙河村项目规划负责人黄君为我们介绍道："浔龙河（村）发展康养产业主要有三点考虑：第一，康养产业是未来经济高质量发展的重要引擎。第二，湖南具备强大康养产业的优势和基础。第三，康养产业的市场需求庞大，发展前景广阔。"针对这三点理由，黄君做了详细的解释。首先，关于为什么康养产业会是未来经济高质量发展的重要引擎。黄君认为未来人们生产生活的核心地区可能普遍集中于一、二线城市，繁忙的一周工作后，人们需要一个地方放松身心同时进行消费生活，那么康养产业就会是周末、节假日休闲度假最好的去处。好好地休息也能提高工作效率，对于经济高质量发展起到重要作用。其次，关于为什么湖南会具备强大康养产业的优势和基础，主要还是基于浔龙河村本身的地理环境特点。浔龙河利用原生的丘陵地形，在充分保留原始树林的前提下，结合中药材种植、加工，共同促进构建了低成本、高附加值、增值空间巨大和物超所值的康养产业园区。这不仅仅是"留住了青山"，还造就了"金山、银山"，因此，浔龙河具备强大的康养产业的优势和基础。浔龙河村作为湖南省众多村子中的一员，其地理条件还是非常具有普遍性的。对于整个省而言，以上的条件推而广之皆宜。最后，为什么说康养产业的市场需求庞大，发展前景广阔。改革发展40年来，国人们忙着发展经济，全国的GDP也逐年大幅度地上升，人们的生活水平是切切实实得到了显著的提高。人们对于温饱的需求不再放在第一位，随之而来的精神需求被提到前面来。人们需要健康、高品质的服务，因此对于康养类产品的需求也慢慢扩大，相应地其产业的发展前景也就自然而然地变广阔。

目前，浔龙河村与泰禾集团合作的康养产业的布局与规划，以中国天人合一的哲学思想为理念，以"医—疗—养—居"为结构构建具有中国文化特色的养生度假胜地。

中医药大学学者的到访对于浔龙河村也是一个非常好的机遇，在区域内按照生态自然循环的理论原理，促进自然生态与人工生态的相互契合，把山、水、田园与人的身心完美地结合起来。以中医养生作为浔龙河村康养产业的名片，除了可以强化人们对于健康、养生的概念，其次中医本身也是老祖宗留给我们的宝藏，时刻提醒着我们不忘"初心"。因此，在此基础上发展康养产业，不仅解决了村上的养老难、医疗差、就业率低等现实问题，同时也有治疗、休养的作用，可谓一举数得。

乡村社区文化

06

　　像大多数的中国乡村一样，浔龙河村也有自己的宗教文化和庙会文化。为了更加丰富、拓宽浔龙河村民的精神世界，村上不仅积极举办农民歌手大赛，而且还有形式多样的文化活动。依据"浔龙河村"真人真事改编的电视连续剧，在村上也好评如潮。

每一个社区都有其特定的文化，而正是这种独特的文化孕育了当地浓浓的乡情。社区文化贯穿着村民的日常生活，当你节假日来到浔龙河，能看见红红火火的民间艺术活动，生趣盎然；当你闲暇时来这里，你也能看见湖湘村民在这片肥沃的土地上载歌载舞……

一、宗教文化

　　浔龙河民间信奉道教和儒教。道教是中国本土宗教，是在中国古代鬼神崇拜观念上，以黄、老思想为理论根据承袭战国以来的神仙方术衍化形成。传说道教分为茅山教和青山教，曾有位叫曾公的先生带领72人前往茅山学法，最后24人归来，剩余的留在茅山修道。每逢过年过节，这24人均会在家练习道法，此为茅山教由来。曾有一位锯匠，上山伐木，必杀雄鸡、摆香烛祭拜，此为青山教由来。

　　村里小孩若患严重疾病，中西药医治无效后，便在堂屋前摆四方桌，备有三生（生鱼、生肉、生蛋）、香烛、供果、酒、茶，请法师开方施法救治。施法前，以打卦方式禀告师祖。施法中，依照烧纸钱、编织和纱衣、备纸串钱、扎茅草人（身穿病人衣物）、造盘、造纸船（船里摆放柴粮米炭）等环节敬神，同时备画符笔两支、清水一碗，法师（地方俗称师公）用三根香于水山画符，病人喝完这碗水后，如若好转，说明此法见效。如今虽医学发达，浔龙河村民仍偶尔采用此法治病。

　　此外，村民大多数受儒家文化尤其是湖湘文化影响最深。讲孝道，知廉耻，为人处世恭敬礼让，敬老爱幼，勤俭持家。由于信奉忠孝厚德，这里民风纯正，邻里之间互谦互让、互帮互助已成习俗，夜不闭户、路不拾遗已成风尚。

二、庙会文化

庙会文化是中国古代大众文化的一部分，它是一种极其复杂、古老的社会文化现象，既是宗教的，又是世俗的，充分反映了人民群众长期积淀形成的思想意识、价值观念、行为方式和心理态势。庙会也称庙市，由庙王掌管，一个庙王兼管三座土地庙，管人丁清吉平安、六畜兴旺、五谷收成。在土地公农历二月初二生日之时，地方百姓携带公鸡、祭品、纸钱、香烛、鞭炮去拜寿；老人去世后，由礼宾率兵乐队到土地庙朝拜，俗称"报庙"；每年立夏前请皮影艺人唱戏祭祀，俗称"唱土地戏"。

浔龙河村庙会规模可观，包括如下9座土地庙：浔龙河庙王掌管荷叶坝土地庙，花马庙王掌管回龙庙土地庙，仁美庙王掌管神山冲土地庙和郭家垄土地庙、罗家冲土地庙，仰山庙王掌管高丰塘土地庙、胡家坳土地庙、园坡塘土地庙以及赛冲刘门土地庙。

浔龙河村境内建有众多神坛庙宇，现有华佗庙、杨泗庙、关爷庙等，其中最具代表性的古庙要数华佗庙。它坐落于浔龙河村石金湾组铜钱潭畔，广为人知，香火兴旺。逢年过节，尤其是农历八月十五日举办"唱寿戏"当天，前来朝拜、祈愿、还愿、游览的人络绎不绝。近几年来，随着民族宗教政策的落实，乡村各地庙会逐渐兴起，体现了其世代延续、传承和发展的历久不衰的文化特征。

华佗庙的前世今生

根据当地传说，华佗庙原建在浔龙河村石金组铜钱潭畔。据华佗原庙的梁上记载，该庙始建于1947年秋，字是易震三公所书，是已故前辈易大爹、易权林满爹、李四爹组织信众捐款捐物建造的。

▊ 华佗殿

　　相传清末年间，本地一名姓张的船夫，摇撑风篷船满载物资出境经商，通过几个月漫长水路到达安徽境内，不幸患了严重痢疾。身在异地他乡，无医无药，无人照料，他在身临绝境中想到了华佗是三国名医，又是安徽人氏，心中豁然开朗。他吃力地爬上岸，看到岸上到处是马齿苋，就挖了一大把马齿苋，然后捡了两块同样大小的石块做卦，对天卜问华佗，马齿苋能否治他的病。获得连连胜卦。他大喜，向华佗许愿，病好之后，一定谢恩。病好后，张姓船夫为谢华佗神恩，买了一块麻石，请石匠刻上"华佗菩萨"四字，在当地庙宇开光后，用红绸布裹护，请入船上小心安放，一路顺风返

回家乡。众信士得知华佗菩萨来到，欢呼雀跃，锣鼓喧天，鞭炮相迎，迎接
菩萨并安放于石金湾黄泥岭渡船亭内，敬拜叩求，灵验远播。"文革"期间
石金湾组村民以需要仓库为由加以保护，将华佗神像偷偷藏入窑洞之中保
存。"文革"后，村民将仓库整理干净，安座请"华佗"回庙。由于庙宇做
仓库数年，有所损坏，加之香火显盛，求神问药的信众多，地方又窄，不能
满足信士叩拜的要求，故由石金湾组易怀兴组织地方信众捐款，并由他指
挥于2006年重建扩大华佗庙，并改名为华佗殿。殿前增建一处戏台，整个占
地面积约为350平方米。农历八月十五是华佗的生日，庙委会安排系列祭祀
活动，并组织庙会。一连4天寿戏，每天3场，香客上香，群众看戏，按例会

华佗殿中的高香

▌ 与易怀兴的访谈

▌ 华佗庙中对当地妇女的访谈

餐，不失古庙会遗风。庙会举办得红红火火，热热闹闹近半个月方才结束活动，庙会结束后半月有余村民们茶余饭后的话题依然紧绕其上。

然而，华佗庙却因香火支出经费问题，在石金湾组内部产生了很大的分歧。由于华佗庙的香火旺盛，因此香火钱十分可观。十来年前当浔龙河村依旧还是贫困村的时候，管理庙会并获取报酬是一份非常优渥的工作，很多石金湾组的妇女村民都想要成为庙会的庙委会成员。奈何僧多粥少，谁来做庙委会成员，工资额度多少合适，财务支出分布等都是问题，曾经有妇女村民因不满将华佗庙的庙门用电焊焊死。作为管理者的易怀兴曾经几度将电焊焊死的庙门打开以满足周边信众的需求，然而效果依然不明显，直至最后"封庙门"。2009年柳中辉书记上任，认为文化活动不可废，建议群众推选庙会委员会成员，再加两名村委会成员共同管理，要求庙会所得收入必须按时做账务支出公示，这才让华佗庙恢复了以往的兴盛。

三、现代文化

随着时代的变迁和发展，人们的生活水平越来越高，浔龙河村民对于精神家园的建设需求也是越来越高。我们在浔龙河村这几天，发现这个村子最特别之处就在于凝聚力特别强，总是能将力气往一处使。很多人就算当不了出主意的人，但是也可以在活动中找准自己角色的定位，成为一个优秀的执行者或者参与者。这种现象引起了我们的好奇，我们和当地的浔龙河艺术团的史润东团长探讨了一下村民的凝聚力从何而来。

来自石禾组的52岁的史团长说起浔龙河的文化活动也是津津乐道、如数家珍："当时，我在长沙的文艺界还是占有一席之地的，柳中辉书记打电话找到我，说想在村子里办一个艺术团，组织一些文化活动，调动大家的积极性，为接下来的乡村建设铺好基础。我当时看着这个新上任的村书记就觉得奇怪，哪有书记一上来不是发展经济、建设乡村的呢？这个新书记不走寻常路，一上任居然先搞起了文化活动，让人一下子还真是有点摸不着头脑。"在接下来的日子，柳中辉书记用行动给了史团长一个意料之外、情理之中的答案，也为我们解了疑惑。

原来，在柳中辉书记的心中，当时的浔龙河总体而言属于那种"吃不饱，饿不死"的状态，很多时候村民对于党组织的任务和组织活动没有积极性，或者抱着"事不关己高高挂起"的心态，说到底还是缺乏集体意识，但是怎么解决群众的集体意识淡薄这件事儿呢？柳中辉书记便想着"让群众在活动中产生组织性和集体意识"，村民参加文化活动除了可以丰富自己的文化生活，也可以让村民们迅速认识、了解自己这个新上任的村书记，同时呢，也有利于在村民和村民之间、村民和村干部之间建立友谊与信任。在乡土社会，做事都讲究一个"情"字，就像费孝通老先生说的，农民身上带着"土"性，血缘、地缘、业缘便是他们的为人准则，依据人与人之间的关系远近来处理日常事务和指导行为方式。

这些活动一旦形成规模，对于整合全村资源来说是再好不过的途径了。在活动中熟识彼此，村民之间的情感往来加深，村干部亦可在村民中发现"能事者"，为将来发动全村一起做事找到可以团结的力量。一旦打定主意，史团长便和自己的老搭档梁兴龙一起回乡做贡献了。说起老搭档梁兴龙，"我俩就是长沙人常说的'油罐子不离盐罐子'"，以前人家的油盐罐子都是放在一起的，表明史团长和梁副团长两个人的关系十分牢固。

梁副团长的文笔是一顶一的好，史团长就决定既然要搞文化活动，没有宣传通道可不行，于是办起《浔龙河村报》。当时的徐宏勋村总支书记还在做关于浔龙河宣传的工作，因为之前在长沙县电视台有长达9年的主编经验，因此，当时的徐书记也参与了村报编撰的工作。2012年5月12日这一天，第一份《浔龙河村报》新鲜出炉。第一份村报来之不易，村上的新动态要随时跟进，现场采访、拍照，"我们的报纸和《扬子晚报》的质量是没差的！"史团长在说这句话时的那种自豪感油然而生。直至今天依旧可以找到每一期的村报，截止到我们去调研的时候，村上已经出了29期村报了。村报的顺利创办为史团长和柳书记都带来了信心。当时，柳中辉书记便和史润东团长商量建设"十个一"群众文化活动项目，这"十个一"便是"一份报纸"、"一本书"（小说《浔龙河传奇》）、"一首歌"（《浔龙河颂》，此歌作为青年联合会会歌）、"一幅画"、"一首长赋"、"一部戏"、"一本村志"、"一座剧场"、"一个蜡像馆"、"一个博物馆"。这个工程浩大，目前尚未完成的还有"一幅画""一座剧场""一个蜡像馆""一个博物馆"，其他的均已完成或已经接近尾声。

除了"十个一"工程，仰仗梁兴龙副团长一手好书法的特长，史团长开始开办老年书法协会，各种群众文化兴趣班也陆陆续续成立起来。做好了群众组织工作，便要开始正式举办活动了，第一个提上日程的活动便是"农民歌手大赛"。这个歌手大赛每两年举办一次，2018年正好又赶上举办第四届歌手大赛。湖南人天生能歌善舞，之所以举办歌手大赛作为第一个文化活动，是因为史团长考虑到这样的比赛形式可以最大限度地调动村民的积极性。第一届农民歌手赛办得十分艰难，柳中辉自己的钱全部投进去了，歌手大赛一共投资了108万元，找了5个专业导演。全村人都在热火朝天地准备农民歌手大赛，全民练歌。原本，史润东团长准备进行三场比赛，但

┃ 浔龙河杂志　　　　　　　　┃ 浔龙河村志

是架不住村民的热情，一场不行加两场，最后一直连续办了5场才结束。活动期间，柳中辉书记和自己的家人都会到现场，除了与民同乐，还守在现场，以备发生意外情况。当时柳中辉书记团队中的高层也都到场了，整个活动精彩、顺利、内容丰富，影响非常好。很多外村村民也闻讯赶来参加、观看，歌手大赛活动历时两个月，全村几乎全部出动，共计有181名参赛选手。歌手大赛的举办引起了新华社、中新社、湖南卫视、湖南经视等15家媒体的关注。新华社来做采访的副主编称赞道："你们浔龙河的农民歌手大赛就是南方版的'星光大道'啊！"经过歌手大赛的顺利举办，柳中辉书记和团队中的成员们都觉得浔龙河有能力扩展规模，做更大型的文化活动，于是便有了一部电视情景剧《浔龙河》。

　　整个电视剧海选演员进行了5场，6个月的采风期内，剧组每周3次进浔龙河村采风。《浔龙河》是我国第一部以新型城镇化建设为背景的电视剧，取材于浔龙河建设发展过程中的真实故事，以几户村民在小城镇建设前后所发生的生活转变、事业转型为主线，塑造出一群鲜活的富有时代气息的农民新形象。通过讲述浔龙河村民们的爱情生活、创业故事，多角度、多方面地为观众展现一幅当代农村新生活的画卷。史团长也在剧中担任村长一角，人称"史霸蛮"，"霸蛮"是湖南的方言，意思就是无论事情多么难办，都一定会迎难而上，人们都敬重、佩服"霸蛮"的人。而史团长在剧中村长一角正是那种村民所需要的"及时雨"，总是帮助村民们解决一个又一个问题和

农民歌手大奖赛

矛盾。整个剧以长沙方言演绎，2015年1月10日正式在湖南公共频道播出，播出后受到的好评如潮。

2013年5月初，在老年协会的组织下，举办了评选浔龙河"孝星"活动。协会负责人谭云浩介绍，经过协会一个月的访贫问老调查工作后，"孝星"评选的材料翔实，展开评选时也较为公平、公正。问起为什么会将"孝星"评选作为村子上第一届道德文明的文化活动时，谭云浩告诉我们："是柳书记的意思，柳书记在我们村是出了名的大孝子，咱们湖湘文化受到儒教文化影响颇深，'讲孝道，知廉耻'，当然了也是希望通过'孝星'评选进一步加强村上的道德文明建设，营造争孝、尽孝的良好氛围。"这中间发生了很多感人的故事，评选当天，有很多被评为"孝星"的村民和其父母在领奖台上哭成了泪人，煞是感人。原来村子上大兴组有户人家有三个儿子，要求儿子们每家给父母200斤稻谷作为赡养费用，仅仅是这点要求儿子们也不愿意，父母生病了连一个俯身床头侍奉父母的人都没有，父母为不孝子哭断了肠，却也无济于事。据村民介绍，经过这次"孝星"评比，不到三天，这家的儿子们就往父母家里送米面粮食，还把父母亲接到家中一起生活，现在三个儿子都争着赡养父母，这件事在村子里造成的影响很大。可见这样的公益活动对于村民的道德教育是非常有效、生动的。接下来的几年还评选了"十佳好婆媳""十佳邻里"。道德文明建设的公益活动让浔龙河往越来越文明的道路上走，这一点是毫无疑问的。

《浔龙河传奇》是由史润东团长的父亲撰写，类似于唐传奇的小说体裁，在《浔龙河村报》上连载。经过史团长父亲的第一代艺术创作，史团长作为后辈自然也要继承老一辈的创作精神，他将《浔龙河传奇》改编成了5万字的弹词唱本。

浔龙河艺术团是2014年组建的，并在长沙县民政局注册，全团一共64人，团员均为农民，进行排练、培训的老师、导演均是专业人员。在柳书记的关心下，艺术团蓬勃发展起来。一到节假日，艺术团就会组织团员在好呷街和田汉艺术园的古戏台进行演出，增加了节日氛围的同时也让外来的游客感受到浔龙河村民们的热情和多才多艺。目前规划艺术团每个周末都将进行活动，让爱好戏曲的票友周末有处可去。艺术团在整个湖南省通过一部电视剧进入了人们的视线，柳书记对史团长非常有信心，认为史润东团长有能力成为湖南的"赵本山"，将浔龙河的艺术团带出湖南走向全国。平时的排练是到果园镇文化站的排练基地进行，果园镇文化站给予艺术团上下8间一共16间，共计1000多平方米的小楼作为专门排练的地方。在举行大型活动之前，一般会在村部前面的广场进行露天排练，有时候也会在唐前农庄进行排练。按史团长的话来说："哪个地方都可以排练。"一个星期除了星期天休息，都会组织进行排练，当然也考虑到团员的另一个身份是"农民"，因此，在农忙"双抢"的时候也会人性化地给团员放假，给予团员充足的时间进行农耕活动。"双抢"就是"抢收抢种"。湖南处于长江以南，一年种两季稻谷，芒种、端午的那一个月就是"双抢"期，抢着收第一期的水稻，抢着种第二期的水稻。艺术团在保证农业生产的基础上进行有序排练，一举两得。艺术团因为是非营利团体不存在"收入"这种说法，有时候代表果园镇参加长沙县的"龙狮比赛"，镇里体恤演员们辛苦也会发点补贴之类。

　　村上有喜事的时候，艺术团就会出两个节目去恭贺一下，新人们都很喜欢，有时候抓把糖表示谢意，有时也会给个红包讨点喜气。过年的时候，从大年三十到正月十五，每天都会有不定期的人家邀请艺术团上门舞龙，以祈求来年生活幸福、美满，那景象别提有多热闹了。这些演出任务都是浔龙河

与史润东团长、梁兴龙副团长的访谈

艺术团必须承担的责任，史团长带领着团员们尽自己最大努力弘扬浔龙河的传统文化，为新民俗提供发展的土壤。当然，艺术团的发展也有柳书记在背后的大力支持，这才让浔龙河的文娱生活精彩而丰富！

四、曲艺杂技

浔龙河村除了丰富的现代文化、娱乐活动，很多传统的文化形式也被很好地继承下来。地方文化要得到很好的发展，必然需要从传统文化上借鉴，才能取其精华，去其糟粕。

（一）顺口溜

顺口溜是民间流行的一种口头韵文，句子长短不齐，念起来顺口。浔龙河村流传的一首地名顺口溜由一位八旬老人卢应龙所创作，意在为人们熟悉浔龙河村内各地名给予帮助，为浔龙河建设出一己之力。（以下为例）

浔龙河地名顺口溜

卢应龙

走马观花看双河，首先来看九牛坨。浔龙河内水弯弯，只有闲牛不出栏，一江东水向西流，一道牵出九头牛。大禾平伏虎，牛马暗藏龙，荷叶坝长流水，再看龙王和象鼻嘴。象鼻嘴鼻子直，再看柴山坳和拖刀石，拖刀石拖得长，再看小冲和对酒潭，小冲里面有个藏龙洞，藏龙在里练得长，里面练成一间房。出来再看对酒潭，有个仙人下了凡，一个石头掉在对酒潭，对酒潭的石头多。出去再看浔龙河，浔龙河水往上翻。上来就看赵家坊，赵家坊的人们喜洋洋，遍地都是花木场，花木种类好多号，上来就看华佗庙，华佗菩萨显威灵，保佑人人很安宁。华佗菩萨下了凡，落到双河铜钱潭，铜钱潭下阴河长，一直通到对酒潭。出来就看石全湾，渔翁晒网晒得干。再来看狮子山，狮子脑壳把头摇。反面就看双河桥，双河桥是双河修。那时没有机械化，口号就是"天不怕地不怕"。挑开麻林河，又筑金江坝（河）。浔龙河村部建得好，对河又建加工厂，道上建起游乐园。人人都去搞休闲，不收门票不要钱，来往游人真不少，都说这里搞得好，亭子建得真正巧，坐在里面空气好，四面花木真可爱，满院都是好蔬菜。上来再看散马冲，散马冲的林园办得好，人人都有事来搞，人民群众发了财，摩托车汽车买回来。散马冲马路修得长，上来就看羊雀塘。羊雀塘的马路修进冲，过路就看罗家冲。罗家冲内都姓罗，再看木架冲和高峰驼。高峰驼上满天红，过来就看杨家垄，里面有个钟馗庙，钟馗菩萨显威灵，扫除一切牛鬼蛇神。杨家垄是个号，出来就看关爷庙。关爷威名震四方，保佑人人都健康。下来再看陶家冲，陶家冲往下拐，再看伍家埠和延丝港。延丝港水往下流，上来就看塘湾和美女晒羞。美女仰卧糠头坡，过来再看塘冲和大塘冲。大塘冲内水很满，上来就看浔龙河会所，会所建得真正好，里面房间真不少。出来就往前面看，前面堆着大石山，石山堆得长，上面有个养鱼塘。养鱼塘内鱼出水，汽车围着鱼塘转。四方游客游过来，塘的周围有钓鱼台。钓鱼台转个弯，回头就看石坑塘，笔直上来看马踏石。马踏石踩个窝，底下有个六斗坡。反面卢冲大冲连成片，那里的公路有改变。出来就看东八线，东八线修得长，上来就看集中居住房。集中居住建新屋，为了后代来造福。九牛坨是个镇山宝，保我浔龙河生态小镇搞得好！

（二）群口快板

快板是一种汉族说唱艺术，属于中国曲艺韵诵类曲种。快板表演方式简单，有单口、对口、群口三种表演方式。唱词合辙押韵自由，一段唱词可以自由转韵，称为"花辙"。表演时演员用竹板击打节拍，一般只表演说理或抒情性较强的短篇节目，快板书艺术形成后，也开始着重创作并表演长篇节目。（以下为例）

群口快板·赞双河

朱志武

（甲、乙、丙、丁同上台，敬礼后打快板，请说长沙话。）

甲：今天双河好热闹，人人个个脸带笑；辛苦一年要总结，干部述职做报告。

乙：都说双河有蛮傲，听我打段莲花闹；莲花闹，闹莲花，赞赞双河我的家。

丙：浔龙河水清又清，杨泗将军斩孽龙；"拖刀石"潜龙洞，风水宝地誉古今。

丁：山清水秀似仙境，田园风光别有情；还有善良双河人，勤劳质朴好民风。

合：逢改革，沐春风，城乡一体大进军；抓住机遇不放松，扎脚勒手向前冲。

甲：双河人，有智慧，把生态小镇来描绘，崭新图画竖眼前，这个点子蛮新鲜。

乙：双河人，手灵巧，集中居住办法好；重新规划山、土、田，誓叫旧貌换新颜。

丙：双河人，胆子大，什么困难都不怕；战严寒，斗酷暑，施工实现机械化。

丁：双河人，有气魄，"三大产业"高规格；"三马并进"齐驱动，样板工程有特色。

合：双河人，有蛮牛，一步更上一层楼；不到长城非好汉，不达目的誓不休。

甲："三个基地""一中心"，正在火热建设中；还有"两冲"加"一岛"，也在攒劲发狠搞。

乙：文化建设了不得，不讲大家都晓得；腰鼓、军鼓、龙狮队，广场舞扭起醒瞌睡。

丙：双河文化艺术团，自编自演乐呵呵；更有大型歌手赛，本土歌手招人爱。

丁：村企合一来办报，确实值得我骄傲；文化素养得提升，文明风尚在形成。

合：项目建设虎生风，外界一片赞扬声；新闻媒体来采访，双河经验要推广。

甲：改革开放沐春风，才有今天的双河村；喝水不忘挖井人，还得感谢一个人。

乙丙丁（白）：那要感谢谁？

甲（白）：那还要讲，当然是我们的带头人！

乙（白）：对！书记年轻闪光辉，不是我在这里吹；年少志坚求上进，敢想敢干尽是劲。

丙：站得高，看得远，勇于担当敢实践；在外拼搏十余载，情系家乡充满爱。

丁：是他亲把蓝图绘，生态小镇高品位；善于团结一班人，群策群力办法新。

甲：是他密切联系群众，产业发展惠民生。

乙：依法纳税讲原则，回报社会有爱心。

丙：为搞建设拼得命，是信得过的带头人。

丁：为表我们的敬意，齐向领导鞠个躬。

（四人同时敬礼）

（三）弹词

弹词是一种古老的汉族曲艺。流行于中国南方的是用琵琶、三弦伴奏的说唱文学形式。它起源于宋代的陶真和元明的词话，出现于明中叶，至清代极为繁荣，是清代讲唱文学中成就最高、影响最大、流传作品最多的一种。它由说、噱、弹、唱等部分组成，唱词以七言句为主，间有三言衬字。其作品多为长篇，每次开说前往往插上一段开篇，相当于话本中之旁白，供演唱者定场试音之用。弹词多用第三人称叙述，文字浅近，语言上有"国音"和"土音"之分。（以下为例）

长沙弹词·说唱古今浔龙河

罗定初

（唱）：日作鼓来月作锣，银河奏曲众星和。

九天仙女来伴舞，说唱古今浔龙河。

（白）：浔龙河位于长沙县果园镇双河村。

（唱）：这里古时一孽龙，泛水成灾乱横行，

淹没田园吞人命，十户人家九户空。

它的来龙和去脉，谁人制服逞英雄，

今有地名口碑证，听我一一道下文。

春华镇的洞田村，龙洞坳处石林冲，

山间数洞连一洞，现存一洞在山中。

古时孽龙压此地，不服管制犯天纪，

挣脱压山出洞来，地裂山崩横乡里。

风坡坳上起狂风，水坡坳里涌洪峰，

一片汪洋似大海，人屋田山淹没中。

（白）：有矛必有盾，此时这里有位降龙将军，名叫杨泗，

（唱）：杨泗自幼习武功，练就钢筋铁骨身，

行时身轻如鸟过，战时枪击万人惊。

怒闻乡亲遭大难，毅然回乡斩孽龙，

手持宝刀跨神马，行似射箭快如风。

天助正义杨将军，出动电母和雷公，

天地大战雷打石，孽龙被困下河冲。

将军追杀双江口，走马山上发猛攻，

不料途中出意外，神马脱缰散马冲。

孽龙逃脱钻龙洞，龙头伸到出龙潭，

将军复马紧追上，杀得龙身朝天翻。

人蛟大战浔龙河，遍地血流成红河，

刀断龙筋拖刀石，顿刀洞里除恶魔。

宝刀刀落落刀咀，找刀捞刀捞刀河，

人山人海庆胜利，万里晴空奏凯歌。

（白）：剿除孽龙，人民安居乐业，在金井河岸建庙，称杨泗庙，供奉杨泗将军神像，香火不断传承千古。

（唱）：拨动琴弦调准音，转题再唱双河村，

浔龙河边山丘岛，人间仙境有奇闻。

三河绕岛团团转，玉带缠腰水碧清，

山青花艳风光美，晴映金光雨滴银。

自然装点山河美，玉绿林中鸟唱歌，

九座狮山高百丈，瞭望对岸大山坡。

（白）：古时有位风水大师，游龙点穴来到此地惊喜道：

（唱）：罗盘着地天闪光，此地龙脉不寻常，

有人逢缘得真穴，必定代代出君王。

插枝枯竹探其真，钉桩定位墓穴中，

三日过后再复看，枯竹是否发嫩芽。

山中放牛李娃娃，听到秘密暗哈哈，

次日五更到此地，喜在眉头笑在心。

上山忙把祖坟寻，遂将白骨埋穴中，

一座新坟平地起，上祭焚烧安葬坟。

（白）：三日后，风水大师转来复看，龙脉正穴被人葬了，急叹道：

前日探穴走风声，今朝何人已做坟，

有缘无缘谁知晓，判定由命不由人。

赞词必须细思量，君王二字改新章，

九狮瞭望大山坡，一代仙女一仙郎。

（白）：果园镇花果园真人庙，供奉李公真人为仙，回龙镇石灰咀供奉的娘娘庙李娘娘便是仙女，俩姊妹都是肉身菩萨，后来被毁了。

（唱）：接题再唱双河村，人才辈出地有神，

清朝清官罗元汉，幼年中举称神童。

几经乡试殿试考，对答如流一边倒，

考官室内题出尽，只得外游新题找。

（白）：他们答出了哪些新题呢？游到双江口：

考官出：两河二桥双江口？答：单将独骑一杆枪。考官游到湖边见景生

情，出：七鸭游湖数数三双一只？答：尺蛇归洞量量九寸九分。游到河边见一货船，出：船装漆蜜，蜜是七桶、漆是八桶？答：肩挑葱韭，葱是九把、韭菜十把。……元汉一考就中，后留朝做官。

（唱）：在朝为官几十春，遵守王法律自身，

清正廉明勤案牍，全心全意为人民。

年迈辞官返回乡，带18口大官箱，

看似箱里装财宝，衣锦还乡把名扬。

（白）：几月后邻居发现大秘密，这18口箱中，只有一口箱装有旧衣裳等用品，其余17口箱装的尽是不值钱的东西。人们大跌眼镜，原来是个穷官。消息传到京城轰动君臣，当朝皇帝派钦差查访：

（唱）：钦差奉命来乡村，真情实况探分明，

官言追问罗元汉，为何废物带家中。

元汉开言谢皇恩，感谢钦差来关心，

事出有因带废物，声泪俱下说原因。

在朝虽然有俸禄，只能养圈糊家口，

分外之财冇一分，因此寒酸没积蓄。

废物装箱掩人目，虽无财宝要装阔，

激励后人勤读书，有人保朝民安乐。

钦差回京报佳音，面见皇帝述实情，

当朝遂颁皇御令，嘉奖清官惠后人。

长沙城外分路口，另建罗氏宗祠堂，

外赐田租3000担，九铜白鹤摆中央。

双河村的罗家冲，御赐金匾挂家中，

堂名更改秀川堂，恩泽后辈永不忘。

（白）说了前朝说今朝，1949年8月，湖南和平解放，在中国共产党的英明领导下，农村面貌焕然一新。

（唱）：三座大山被推翻，烟消云散见太阳，

社会主义康庄道，农村处处换新颜。

20世纪70年代，果园改天换了地，

万人大战金井河，裁弯截直10华里。

同时布局战双江，麻林河截曲尺弯，

村集千军齐奋战，一冬劈开朱术潭。

水道直泻堤增高，桥涵设施建筑牢，

千年水患终了结，天时地利人自豪。

农业连年夺丰收，乡镇企业奔前途，

橘洲红，红橘洲，汽车畅销全国通。

近年迈入高速路，生态之乡成气候，

全国先进榜有名，田汉故里创优秀。

全镇各村有特点，浔龙河是省重点，

村企合作大开发，首创新制国试点。

民资投入农村富，政策支持无忧顾，

生态小镇浔龙河，建设慎稳迈大步。

四通八达交通便，东八连接国道线，

车流如梭穿村过，商街洋楼在兴建。

森林覆盖满山冲，空气新鲜氧气浓，

车是山间景中景，人似云游在画中。

下吸地气上沾光，营养超倍肉鲜香。

新特菜园在河弯，出租市民种菜玩，

河湾哑河长千米，自然理想钓鱼场。

渔翁晒网狮子山，特有地貌不寻常，

山同渔网一个样，撒网铺晒满山间。

不论千日太阳晒，不管旱得地裂开，

山底弯角流清水，线线银丝下河来。

（白）：景点很多，不详说，你可亲临其境，细品一番，大饱眼福。

（唱）：有识之士放眼明，投资此地受欢迎，

政策支持多优势，企村合作必双赢。

休闲疗养观景点，心悦神怡健心身，

前途无量中国梦，寿长超过百年春。

（四）剪纸

　　剪纸是中国民间较为古老的手工艺，也是浔龙河村村民们喜爱的一门手工艺。每年春节前，各家各户用红、蓝、绿、黑色纸，依据图样，装订成沓，剪出各式各样的窗花。岁尾扫舍之后，贴在剪纸或玻璃格子上，给屋内增添春天的气息，营造热闹的氛围。手艺精湛者还会剪字花、团花、灵屋，其中字花以福禄祯祥、四季平安、岁岁如意等4字吉语为主，4边以花鸟鱼虫烘托；团花用于婚嫁喜庆活动，灵屋用于丧葬。如今剪纸在浔龙河村得以继承和发扬，剪纸艺人陈泽民便是这一传统民间技艺的传承人。

07

乡村教育

一直以来，浔龙河对于教育问题都非常重视，从中华人民共和国成立前的私塾到如今的北京师范大学附属学校长沙分校的落成，浔龙河的教育资源都在不断提升。孩子们的教育问题得到妥善的解决，也促进了乡村人才的培养。同时，村上的成人教育也为留住人才提供了技术支持。教育资源的匮乏一直是乡村留不住人才的重要原因之一。乡村教育的切实落地为浔龙河的发展带来了无限的动力。

教育一直是乡村的稀缺资源，教育条件差似乎也早已成为乡村难以抹去的标签。你可能常常在新闻中看到，乡村经常陷入留不住教师的困境，有些乡村教师为了苦守一所乡村小学，坚持了数十个寒暑；你也可能听过乡村的孩子为了上学，鸡鸣时分就开始赶山路，行走几十里只为"知识改变命运"。

如何解决乡村的"教育难"始终是横亘在千万个乡村面前的难题。然而，浔龙河村却迎难而上，不仅投入大量资源改善教育条件，而且已经瞄准市场，将教育资源作为村子振兴的核心竞争力了。咱们就来看看浔龙河是如何将匮乏资源变富裕的吧！

一、浔龙河教育历史

据老年支部的支部书记姚爱明介绍，中华人民共和国成立前，浔龙河村中没有学校，唯有一所设在圹湾狮子山东边的罗家私塾。由于当时村子里面家境富裕的人家不多，读私塾的仅10人左右，基本上没有女孩子上学。私塾在教学上无学制年限，无教学计划和具体要求。当时一般规定，上午征书（先生领读或解释），中午写字（练习毛笔字），下午背书、读书，天天如此。儿童入学堂之初，对启蒙学童一般只读不讲。背熟一本，再读一本。从最简单的《三字经》入门直至《大学》《中庸》等难度较大的国学经典，同时也做一些作文、赋诗活动。一般课程内容由各位教书先生分别讲授，由于学生天赋各有差异，接受程度也各有不同。先生在讲解文义时，一般是寻章摘句，照本宣科，有时也旁征博引，但多脱离学生实际。私塾的教学方式也并非就一定不好，但是对于彼时浔龙河村的孩子，更需要的应该是与世界接轨的应用型学科。

中华人民共和国成立后，当时村子上为了解决教育问题，建立了两所小学（坪塘小学、塘湾小学），村子上读书的人逐渐增多，一至四年级都是复式班，两个学校有60多人上学。20世纪60年代，随着当地政府对浔龙河村教育的重视，再加上人民的生活水平逐渐提高，学生入学率、升学率不断增加，初小毕业的孩子继续到果园人民公社殷家祠堂（又称十二完小）读高小。虽师资缺乏、条件艰苦，但浔龙河干部积极动员各行各业有一定文化水平的职工充实教师队伍，并组织高校毕业生回乡参加教育工作的活动。

其中，我们不得不提到一位在浔龙河从事35年教育工作的资深教师——张耀光老师。他曾任小学校长13年，中学校长22年。张耀光老师为浔龙河的教育事业做过突出贡献，培育了数以千计的各行各业的人才。

中华人民共和国成立初期，全乡镇仅有一个十二完小，共12个班级，距浔龙河村路途遥远，孩子们上学很困难。当时双河支部负责人决定发动全村村民集资、义务投劳力建立和完善教育设施，将坪塘小学改为双河小学，设6个年级、教室6间。双河小学可同时招收300多名学生，有效地解决了学生读书难的问题。20世纪70年代，村里小学入学率就达到了100%。

新建立的双河小学是土砖房，设备陈旧，课桌由土砖搭建，文艺体育场地也不完善。随着经济的发展，在"再穷不能穷教育，再苦不能苦学生"的宣传下，浔龙河村又一次兴建两层高的教学大楼，同时新建一个篮球场，为学生们提供了较好的学习环境和体育锻炼场所。

虽说浔龙河距离拥有四大名校的长沙市并不远，但是对于还处于稚龄的浔龙河村的孩子而言，过早离开家庭去求学对孩子的身心发展反而是不利的。因此，村部急民众所急，想民众所想，在整合各方资源的基础上，柳中辉书记集聚各方力量，最终将优质的教学资源引进了浔龙河，惠及一方百姓，除了浔龙河的孩子摆脱了上学难、教育资源差的问题，也惠及周围乡镇的千家万户。

二、北师大附校长沙分校入驻浔龙河村

在湖南这个教育大省，教育资源一直被长沙的四大名校包揽，我们一路上听田博士为我们介绍长沙市关于四大名校的事。他本人也是著名的湘雅中学毕业的。据他说，长沙的四大名校在湖南的声誉非常高，如果湖南的孩子能进这四大名校其中一所学校的校门，那么也就意味着一只脚踏进了高等学府。教育资源呈现垄断趋势，所以，在这样的情势下引进四大名校品牌进驻浔龙河这件事可以说并不太现实，毕竟四大名校占据着十分有利的地理优势和生源优势。然而，解决教育问题对于当时的浔龙河而言又是迫在眉睫，多方调研、咨询，最终北京师范大学附属学校向浔龙河村递来"橄榄枝"，解决教育问题的方法和路径有了，剩下的只是时间问题。

访谈湖南棕榈浔龙河教育咨询有限公司的江璇时，问及关于当初如何想

北师大附校长沙分校教学楼

到引进北师大附校这个教育品牌时，江璇告诉我们，除了柳中辉书记，同时以他为中心的智囊团队中有位成员知晓北师大附校的办学理念。考虑到国家对乡村地区的教育扶持政策，以及浔龙河未来的发展，浔龙河村为了打下牢固的百年发展之计，最终选择了北京师范大学附校作为浔龙河的教育支柱。

目前北师大附校长沙校区分为两个校区，其中一个就坐落在浔龙河村，现已有小学部及初中部，在未来的三年内也将建立幼儿园部以及高中部，实现教育一条龙服务，让孩子在村子里就可以享受到优质的教学资源、先进的教学设施。

我们调研期间，北师大附校正在举办校园文化讲座。主讲人是北师大附校校长尹玉强，到场聆听讲座的教师中除了从事教学的教师，还有生活教师。尹校长在讲座中不断强调，无论是住宿区还是教学区，学生都是处于受教育的文化环境中，老师除了教导学生文化知识还要从多方面对孩子进行素质教育，让孩子全方位地发展。

北师大教育集团以北师大"治学修身，兼济天下"的育人理念为依托，本着传播先进教育理念，服务地方基础教育的原则，有效地将北师大优秀的管理经验、优质的教育资源和权威的科研成果等优势转化为地方学校发展的巨大动力，极大地促进了附校教育教学质量和办学水平的快速发展，在全国各地办成了80多所北师大品牌学校，并在地方基础教育领域中充分发挥了示范和引领作用，赢得了良好的办学声誉和社会效益，促进了我国基础教育的优质均衡发展。

据我们了解，北京师范大学长沙附属学校是北京师范大学与长沙县人民政府、湖南棕榈浔龙河教育咨询有限公司共同创办的一所民办非营利体制型的创新学校。校园占地103亩（之后将陆续建设高中部和幼儿园部），总建

▍与北师大附校长沙分校尹玉强校长的访谈

筑面积约5.6万平方米。义务教育九年一贯制，首次招收小学一年级4个班135人、二年级1个班35人、三年级1个班35人、初一年级6个班210人。

北师大附校坚持立德树人。以学校育人目标为核心，根据学生成长的身心特点，加强德育课程建设，提高德育的针对性、实效性，科学地制定不同年级的德育目标、行为规范目标、深化学科德育、全员德育，彰显学校德育特色，培养具有家国情怀、国际视野、博学雅正、创新精神的现代公民。牢记"立德立行，守正出新"的校训，建立彰显校训的德育课程体系，制定"博雅少年（做阳刚大气的绅士，做端庄优雅的淑女）"的德育行动方案，完成创建平安雅礼校园的任务，营造向学向上向善的德育氛围。

学校重点发展"博雅课程"体系，重点培养"广博、雅正"的青少年。

"博"，即大、广、丰富（《辞源》）。"雅"则如《荀子》里所云："正而有美德者谓之雅。""博雅教育"主张教育关注人的本性，强调人的知能与行为的均衡发展，注重科学与人文素养的兼顾。"博雅"二字，前者是对为学的要求，后者是对做人的期望，与北师大附校的育人目标是一致的。知学明礼铸就行为习惯，博学雅正砥砺人生品格。在践行博雅教育理念的常规教育基础上，从"兴博（博学、博艺、博爱）""倡雅（雅言、雅行、雅趣）"两大层面、6个维度落实博雅教育，构建"博雅课程"体系。

在整合基础类、拓展类、研究类课程的基础上，围绕学校育人目标，形成学校的"博雅课程"体系（博学、博艺、博爱；雅言、雅行、雅趣）。博雅课程体系由五大学习领域组成，即人文与社会、科学与技术、体育与健

北师大附校长沙分校的教室内部

康、艺术与审美、素质与担当，每个学习领域包含若干子学习领域，每个子学习领域又由不同的科目（学科、活动或专题）组成。

"儿童的认知依靠的是整体认识，过于专业、分化的知识，就像让孩子光吃东西，却咽不下去一样。"北师大附校大胆尝试了"两个整合"：一是学科内整合，学科内整合是将一门学科的所有内容进行梳理，依据学生实际的学习能力，分为"单元内部整合、同一册教学内容中的单元整合、同一教学内容不同年级的整合"等三种形式，这样从一个学段或是一个模块的优化组合，形成层层推进的学科课程规划和设计，达成既可以独立又能形成序列的学科课程方案。二是学科间整合，是指学科教材与相关课程资源间的整合，找到相关学科在教学方法、教学内容、思维方式、知识背景等方面的切合点，相互渗透，有机融合，创造性地进行教学。

北师大附校长沙分校严格按要求开齐开足14门基础课程，目标明确、重点突出，夯实基础，直指学生的核心素养。拓展课程"多样化"。学校还计划开设"知学明礼""博雅礼仪""戏剧""绘本""人生规划""中外阅读""数学游戏""足球""篮球""啦啦操""跳绳""书法""围棋""茶艺""游泳""全员体育""合唱""乐团""陶艺""创客课程""绿色种植""神奇的科学实验"等20多门拓展课程，纳入课时计划，实行"一师一特色"的课程认领制，呈现出风格迥异、百花齐放的课程模式——博雅课堂，提供给教师、学生更多的开发与发展空间。

选择性课程包括"领导力课程""STEAM课程""3D打印""竞赛机器人课程""播音主持""体育类专项课程""艺术类专项课程""双语课程""奥数课程""模拟国际联合国""演讲与写作""生活理财"等20门课程。每周五下午（平时课外活动时间），全校学生实行走班学习，在"课程超市"中自主选择自己最喜爱的课程。学校搭建活动平台，时时为有突出特长的学生提供学习、展示、交流的平台，为孩子们量身定制的课程会给孩子带来更多的可能性。

美国诗人惠特曼说："一个孩子看见最初的东西，他就变成那东西，那东西就变成了他的一部分。"博雅课程从课程目标、课程内容、课程结构、课程实施、课程关系、课程效果、课程发展与评价等多个方面出发，就是要让学生看见和形成那最初的、最广博的、最优雅的"东西"，这种"东西"就是人的核心素养。

谈及北师大附校舍弃地理环境优越的大城市，最终选择目前还在发展中的浔龙河村作为教学区的原因时，尹玉强校长告诉我们，北师大附校一直致力于扶持贫困地区，将教育资源惠及当地，实现教育公平，教育公正。和尹校长访谈时，尹校长介绍新落成的北师大附校长沙分校的教学区的教师一般除了骨干教师外，大多数为全国师范院校的高才生，其中教师的籍贯也是考量的一项，尽量采用籍贯为长沙县周边的教师。这些教师要先通过层层选拔才能最终入选，所以在师资方面还是很有保证的。政府为了增强北师大附校落户浔龙河的信心，也提供了政策上的支持，包括给予北师大附校部分教师在编名额以引进优秀的骨干教师。尹校长在交谈中也表示长沙分校是一所新开的学校，目前在当地可能还没有非常高的声望，一共有47名教学教师，而且很大一部分是刚刚走出校园的年轻老师，但是尹校长对未来长沙分校发展的前景非常有信心。人杰地灵出英才，年轻教师经过大量的培训和学习，到各所名校访问、听课，为上好开学第一课倾尽全力。

在上午进行讲座的会议室门口，我们偶遇了一位生活老师。说来也巧，浔龙河从未下过如此大的太阳雨，既然大雨留人，我们便与这位等待下午

▎老师们正在针对上午的讲座进行讨论

讲座的老师畅聊了一番。她告诉我们北师大附校所有的生活老师均由湖南棕榈浔龙河教育咨询有限公司帮助北师大附校招聘，上岗前由北师大附校统一进行培训，而这些生活老师一般是周围乡镇的女性社区居民，当然也不乏浔龙河村的村民，校园招聘也为当地创造了就业条件并且培养了大量的本地人才。

　　教育资源的落实也为巩固乡村人口提供了助力。每一个农民都渴望自己的孩子有优质的学习资源，因此很多农民工再苦再累也会将孩子带到大城市生活、学习，就是为了有朝一日孩子不为生活所苦，不为选择所累，未来能有一条康庄大道。浔龙河将北师大附校引进村子解决了村里孩子上学难的问题，也为村民留在家乡、建设家乡提供了一个有利的条件。

三、成人教育

浔龙河村的成人教育也取得了可喜成绩。1950年，成立常年夜校，全村的文盲、半文盲都参加学习，学习地点是村小学教室。1952年，长沙县农村范围内掀起了一个全民学的扫盲高潮。

近年来，在浔龙河村老年协会的积极带领下，长沙县老年大学在浔龙河村开办全县第一家乡村老年大学班，开展书法、乐器、舞蹈等兴趣班的免费教学活动。老年协会和艺术团联合开办的书法、二胡、剪纸、象棋等培训班也极大地丰富了村民的业余生活。

2013年6月24日，湖南省委党校在长沙县浔龙河生态小镇挂牌成立省委党校、湖南行政学院长沙县教学基地，这是该校和该院在长沙县设立的首个教学基地。

据村民黄晓提供的消息，果园镇以及浔龙河村部都会定期举办就业指导，帮助有心就业的村民。如果是去果园镇参加就业指导的话还会有专门的车辆将其接到指定地点进行培训，进行过就业指导的村民们反映，就业指导对于就业的帮助还是很大的。

最让人感到欣喜的是浔龙河的精准扶贫项目，这个项目由青年支部的支部书记谭创明带头进行。谭创明作为养蜂大户和青年支部的书记，通过培训养蜂从业人员让浔龙河村的村民迅速脱贫，让创业的年轻人致富有道。

那天在路上我们偶遇了谭创明，1981年出生的谭创明身上总是透露出非常"实在"的感觉。尽管他已经年近40，但一开始依旧还有些腼腆。从外表来看，他似乎就是一位普普通通的青年支部书记，然而你可能永远都想不到他是中央广播电视大学的毕业生、毕业后回乡创业，又通过自己的职业特长帮助当地脱贫致富。谭创明是蜜蜂养殖技术员，于2000年开始从事蜜蜂养殖，农作物植保工三级、农业技术指导员三级，是湖南省蜂业协会第六届常务理事、长沙县青年致富带头人协会常务理事，于2011年成立长沙县红花蜜蜂养殖专业合作社，主要业务为蜜蜂养殖、组织养蜂技术培训与交流、提供信息咨询服务。他目前拥有两项养蜂用具专利：专利圆蜂桶、专利蜂箱，建立蜜蜂产业配套工厂2家，协作基地5个。产业带动湘西和长沙县贫困户200多户，合作社成员70多户，养殖中蜂900多箱，现已和明园蜂业展开深度合作。他注册的"湘蜂"品牌系列产品还受邀参加了田汉纪念周与闽台佛礼交流等文化活动。

谭创明于2016年被聘为湘西州"互联网＋"精准扶贫专家顾问，省蜂协先进个人称号，在湘西州、宁远县、长沙县以"公司＋合作社＋建档立卡户＋互联网＋"的养蜂扶贫新模式，以贫困户创业成功的典型案例带动更多贫困户的模式助推精准扶贫。在湘西州保靖县夯山乡吕洞山扶助养蜂合作社，他为合作社提供蜂种，帮扶带动建档立卡户59户，受到湘西州政府的充分肯定和表彰。谭创明希望长沙县红花蜜蜂养殖专业合作社能带领湘西贫困农户养蜂致富，把"甜蜜事业"推广到全国。据谭创明介绍，湘西州的养蜂扶贫模式现已从吕洞山陆续推广到桐木寨等贫困村镇。凭着谭创明在养蜂扶贫工作中的突出表现，他也被评为湖南省蜂业工作先进个人。

同时，谭创明还担任了明园蜂业中蜂蜂场科普教育示范基地的负责人，结合湘西州的养蜂扶贫经验，结合长沙县的客观条件，探索出"公司＋合作社＋建档立卡户"的养蜂扶贫新模式，让贫困户得到更多实际效益。

▌ 与青年支部书记谭创明的访谈

　　除了蜂种需要投资者购置，从培训到销售，谭创明都实行的是免费的一条龙服务，这样的模式让老百姓快速脱贫的同时也能走向小康生活。据了解，蜜蜂养殖除了适合青壮年劳动力，老人和身体不便的人也可以养殖，谭创明的专利在这里就发挥了巨大的作用，特殊群体在谭创明的培训下一年一采蜜，也能实现一年十几万元的收益。蜜蜂养殖为当地带来了巨大的经济收益，有很多乡里的年轻人也选择回到村子里进行创业致富，贫困户在谭创明的带领下纷纷脱贫致富。很多外省的人听说谭创明的"甜蜜事业"也纷纷来浔龙河考察，除了学习到养蜂知识，寻求致富之路，也认识了这个山清水秀的村庄——浔龙河村。

　　蜂蜜销售通过"互联网＋"模式有了稳定的经济保障，除了蜜蜂养殖，浔龙河还有草鸡养殖等精准扶贫的项目。养鸡创业户陈金仕和我们说，2014年《浔龙河》电视剧在公共频道热播，吸引了不少观众的目光，作为忠实观众的自己从剧中获得创业灵感——生态养鸡。养殖行业最怕的就是疾病，但有着20多年兽医工作经验的他显然信心十足。有了想法，陈金仕立刻找到书记汇报，柳书记对他的思路大加赞赏并给出了"品质—品牌—规模化"的发展建议。

说干就干，陈金仕与三位志同道合的同学成立了长沙家味浓香种养专业合作社，由此开始了他门的创业路。俗语说，万事开头难。养殖场地的选择就让他犯了难。他用了几个月时间，跑遍整个果园镇才最终确定在金江新村黄狮冲组安家。然而，事情的发展并不顺利，刚开始动工就有村民因为土地流转的问题找上门来，后经村干部的反复协调才得以继续。

"解决了土地问题，我们便立即投入到开荒工作中，为节约成本，大部分工作都由我们几个股东及家人完成，真当了老板以后才明白创业的艰辛！"陈金仕说道。

对于鸡种的选择陈金仕格外慎重，经过请教专家，反复对比后引进了第一批山东汶上芦花鸡6000只。"之所以选择这个品种，是因为它是第一代的原种土鸡，品质上乘，市场接受度高。"

各方面准备工作就绪后，陈金仕等待着土鸡的到来，虽然兽医经验丰富，但是这些空运来的土鸡还是让他分外紧张。"它们来的头几个月，我们每天定点观察粪便情况，鸡的精神状况，时刻关注是否有异常，值得欣慰的是它们都十分健康。"

为打破惯有的饲养方式，陈金仕在养殖方面做了一番功课，"我们摒弃使用抗生素、饲料，土鸡除了吃山上的虫子跟青草，还添加了稻谷、南瓜、玉米等粗粮"。努力必有回报，经过一年多的喂养，第一批土鸡长势良好，发病率、死亡率为0，现有母鸡每天的产蛋量均能达到1000多个。

"家味浓香的核心产品是土鸡，核心理念是绿色、生态养殖。这两点毋庸置疑，因此，我们今年做了大量且扎实的工作。"据陈金仕介绍，湖南农业大学董伟教授已将长沙家味浓香种养专业合作社设为联点单位，目前正在尝试、探索"以菌制菌"（即在鸡食中添加及活动环境中喷洒复合益生菌，增强土鸡免疫力，能够有效抵御病害微生物的产生）的养殖新模式；长沙县畜牧局不定期地对基地进行随机抽查。"这个'含金量'，没有几个养殖基地能够达到。并且，这些工作的开展也为今后的品牌化经营打下坚实的基础。"

目前，合作社已对二期及三期标准化生态养殖基地进行规划，后续将引进

浔龙河村惠农综合服务社售卖的山花蜂蜜

不同品种的土鸡，尝试更多样化的养殖模式。"有了专家在技术上的支持，专业机构的监督，核心产品的专业管理，我有信心在几年内把家味浓香种养专业合作社打造成为长沙市最大的标准化原生态散养基地。"展望未来，陈金仕信心满满。

　　各种脱贫创业的项目为当地脱贫致富开通多条通道。当乡村留得住人时，经济发展只是时间问题。

▎浔龙河村惠农综合服务社售卖的土鸡蛋

乡村治理

08

乡村治理自十九大以来就深受广泛关注，健全自治、法治、德治相结合的乡村治理体系是浔龙河乡村治理的核心指导思想。村企共建不仅整合了党员的人才资源，而且发挥了党组织的模范带头作用；O2O三级"线上"服务平台与"四层级"村民自治制度为浔龙河的乡村自治提供了可能。正是在党建与自治的共同作用下，村上出现了一批"新乡贤"，而新乡贤的出现又反过来促进了浔龙河的"三治"建设。

村子上的一条路、一棵树、一朵花，都充满着阳光的味道。村子上洋溢着孩子们的笑靥、老人们舒心的哈欠声，来往路上村民们互相打着亲切的招呼。走进村民家门，迎面而来的是暖暖的、香喷喷的饭菜。浔龙河的村民从来不会担心任何困难，因为村民们会互帮互助。浓浓的乡情，将村子凝成一股绳，从不会让其中的人掉队……

一、村企共建

浔龙河生态艺术小镇在开发、建设、运营过程中，始终坚持"党建示范、民生为本、生态优先、机制创新、产业支撑"的系统性运作，积极探索发挥"政府的公共服务配套与政策创新功能、村集体的民主决策与自治效应

村部会议室

和乡村资源的价值挖掘功能、企业的社会资本撬动与产业导入功能"三大功能开展合作统筹,实现创新协同。同时,主动开展非公企业党组织建设,通过非公企业党建标准化、社会组织党建区域化的建设,大力提升非公企业党建水平。创造性地开展在非公企业与社会资本植入集体主义和社会主义核心价值观的探索,开启了社会资本立足关注民本、民生,关注生态、文化和以此为基础撬动产业持续发展的新试验。

非公企业中的党组织是党的基层组织的重要组成部分,是职工群众的政治核心,必须在历史新时期展现其时代特征,迸发出党建的活力优势和强劲张力。新时期非公企业党组织的新魅力应充分体现在党组织要在支持和保证非公企业发展,宣传党的路线、方针、政策,监督企业依法运营,维护员工合法权益等方面发挥核心引领作用。为此,浔龙河村采取"村企党组织共建"的模式,进一步有效地发挥浔龙河村党组织的模范带头作用,加强指导和帮助非公企业党组织的共同建设和管理,促进各板块党组织的互相融合与共建共促。

为充分发挥党的领导核心作用,浔龙河村以党建带村建、企建,推进村企"组织共建、党员共管、阵地共用、活动共抓、发展共促、机制共享",组成了精干、有战斗力的团队。为加强党员队伍管理,两套支部按照"精细管理、规范提高、分类指导、全面推进"的工作思路,全面实施"党建+经济""党建+社会治理""党建+文化""党建+民生""党建+生态"等"党建+"行动计划,建立、完善了以党支部的领导为核心,以村民委员会自治组织、监督组织为基础,以群众组织、经济组织、社会组织为补充的基层社区治理组织体系。制定《村民公约》,建立村民信用评价体系,全面推进"依法治村、诚信立村、产业兴村、文化强村"。建立四级民主决策机制，形成党支部提议、村支两委扩大会议商议、村民议事会审议（或决议）、村民代表大会决议和议事过程公开、实施结果公布的"四议两公开"制度，对重大事项实行村民民主决策。小镇建设至今，举行了三次重大事项的全村村民民主决策大会。第一次，主题为"愿不愿意把浔龙河建设成新型小城镇？"支持率为97.2%。第二次，主题为"集中居住、选房选址，愿不愿意？"支持率为98.14%。第三次，主题为"愿不愿意把土地流转出来？"支持率达到了100%。通过"党建＋"行动计划的实施，党组织的凝聚力不断加强，党员干部和党员素质不断提升。

（一）组织共建

2016年，浔龙河村党支部升格为浔龙河村党总支。经过精心组织安排，严格纪律要求，在镇党委的支持下，顺利完成了党总支成立选举，新选出党总支委员7人，组成了精明强干的领导班子。党总支成立后，分别成立党总支第一支部、第二支部、第三支部，重新划分了8个党小组。其中，浔龙河公司党支部成立1个党小组——浔龙河村党小组。原湖南浔龙河生态农业开发有限公司党支部更名为湖南浔龙河投资控股有限公司党支部，将下属子公司、分公司党员合并到该支部，完成了支部换届选举，下设3个党小组。

（二）党员共管

一是建立健全工作制度。完善党员、党小组学习、谈心、党员思想汇报制度、完善民主生活制度、"三会一课"制度、党员管理制度、发展新党员制度、党员联系群众制度、星级党小组评比制度。二是实施分类考核。以长沙县果园镇《党员"三务"分类积分管理考核实施办法（试行）》为标准，对党小组成员实施精细化管理和党员分类积分管理，作为对党员进行民主评议的重要参考依据。三是开展信用体系建设。建立党员信用评级制度，成立信用体系评价领导小组，根据党员是否遵纪守法、诚实守信、尊老爱幼、邻里和谐、家庭和睦、踏实勤劳和先锋模范作用的发挥等基本情况进行信用评级。加强党内民主建设，教育引导广大党员认真贯彻民主集中制原则，重团结、求协作、促和谐。开展好党务公开，主动将党组织的决议、决定及执行情况、党的思想建设情况等党务政务工作在公开栏进行公示，自觉接受广大党员和村民的监督。

（三）阵地共用

分别在各党小组和村部建设"村企共建"党建工作阵地，做到"六个一"：一面党旗、一块标牌、一个记录本、一个宣传栏、一套桌椅、一套学习资料。实现制度上墙，增强阵地的会议、教育、培训和综合性功能，提高利用效率；增强服务群众的功能，使其成为党群交流的阵地；增强议事功能，认真开展各项党建活动，实施好民主议事制度。完善公司支部阵地建设，将原童勋营木屋餐厅改为企业支部阵地，设置党员志愿服务站、"党建＋旅游"接待点、支部办公室、会议室、党员培训中心、茶座、书吧、乒乓球台等，成为企业支部开展组织活动、企业员工交流、党员参加志愿服务的重要场所。

（四）活动共抓

一是开展"创建示范党员家庭、争当优秀党员"活动。根据党员家庭在发展经济、孝敬父母、教育子女、和睦近邻等各方面的表现，评选出优秀党员家庭和优秀党员，进行表彰鼓励。

二是广泛开展"三联三问三解"活动。每名党员联系"三户"以上群众，做到"问需于民缓解生活困难、问情于民化解矛盾纠纷、问计于民破解发展难题"。

三是开展党员"亮身份"活动。每位党员日常都要佩戴党徽，主动亮明身份，紧紧围绕浔龙河项目这个中心工作，充分发挥党员的先锋模范作用，积极主动宣传项目建设的积极作用，正面引导村民支持项目建设。

（五）发展共促

一是夯实发展基础。通过各项活动的开展，广大党员始终保持全心全意为人民服务的本色，进一步密切党群关系，注重提高党支部的领导能力和工作水平。

二是加快经济建设。通过村企共建、统筹发展，推动现代农业、文化、教育、乡村旅游、乡村地产等产业的落地增效，促进企业实力壮大和农民就业增收；壮大集体经济，依托纯集体股份企业对集体经营性建设用地进行经营，以土地入股的方式建设加油站、商场等经营性项目和旅游项目，获得长期收益后对村民进行分红；按照农民自愿的原则，对农民集中居住区的住宅、商铺、菜园等统一规划、招商、管理、运营，以村民就业创业服务中心为平台，推动村民就地就近就业创业。

三是促进精神文明建设。通过抓党建加强社会主义核心价值观教育，推动依法治村、诚信立村和文化强村。依托文化艺术团、老年协会等群团组织开展丰富多彩的群众文化活动，活跃村民的精神文化生活；扎实开展信用村

与村部各个支部书记和成员的访谈

建设，以"乐和乡村"建设为抓手，促进传统道德回归，重塑乡风文明；深入推进法治文化建设，不断提高依法治理水平，构筑平等、公正、法治、诚信、友善、和谐的社会氛围。

（六）机制共享

制定了支部对党小组的管理考核办法，从日常管理、特色活动开展等方面对党小组进行考评管理。进一步强化了对党员的日常管理，实施"三务"

积分考核，为每名党员发放了电子记分卡，实施标准分管理和动态分管理，根据党员的表现进行评分积分，进一步加强党员干部作风建设和廉洁文化教育，成立党员志愿者服务队，开展了"微心愿"品牌活动，党建各项工作取得了突出成绩，被评为"湖南省先进基层党组织"，是中组部及省、市、县各级党校农村党员培训教学点。

总之，通过村企"组织共建、党员共管、阵地共用、活动共抓、发展共促、机制共享"的探索，现已产生了良好效果。

一是实现了组织振兴，完善了村级治理体系。随着城乡一体化农民生产生活方式的转变，传统的简单、粗陋的村级管理方式已经很难适应新形势的变化。因此，必须摆脱传统思维，以组织为平台，使农民由"自由人"变为"组织人"。为此，浔龙河村建立了以支部为核心，以村委会、村务监督委员会为基础，以群团组织（团支部、妇代会）、经济组织（村供销社、村资产管理公司）、社会组织（文化艺术团、老年协会、青年联合会）为补充的"1＋5"村组织体系，组织得以振兴。同时，通过制定《村民公约》，构建了新的社会治理体系。2015年，小镇社区选举成立了村民议事会，在村民代表大会的授权下，对部分重大事务进行民主讨论决策，形成了党支部提议、村支两委扩大会议商议、村民议事会审议（或决议）、村民代表大会决议和议事过程公开、实施结果公开的"四议两公开"制度。在党支部的领导下，小镇的政治组织、管理组织、经济组织、群团组织的作用得到了充分的发挥，在服务群众、发展经济、推动文化建设等方面发挥了重要作用。

二是完善了基层管理制度，提升了治理效率。1. 加强村基层党组织建设。这是完善乡村治理机制的核心。在坚持《党员管理十项制度》《党员

民主评议制度》《党员民主生活会制度》《党员联系群众制度》等常规管理
制度外，还完善了《党小组考核管理制度》《党小组、党员述职制度》《村
企共建党建工作制度》等，强化了对党组织、党小组和党员的管理。2. 健全
基层民主制度，这是完善乡村治理机制的基础。浔龙河村建立和完善了《四
级民主决策制度》，一般事项由村支两委集体会议决策，较大事项由村支两
委扩大会议决策，重大事项由村民代表大会集体决议决策，特大事项由全村
村民民主决策。完善了《村民议事会制度》，确保了村民议事会在村民代表
大会的授权下实施民主决策。在上述基础上，村委会、合作经济组织的青
年、妇女、民兵、治保、调停等组织配套健全，任务标准，活动正常，作
用明显。3. 创新农村基层管理服务，这是完善乡村治理的途径。在坚持完善
村务、财务公开管理等相关制度的同时，建立了O2O微信服务平台，成为党
务、村务、财务公开的重要渠道以及服务群众的重要载体。完善了《O2O管
理制度》《O2O限时办结制度》，搭建"群众群、党员群、干部决策群"三
级"线上"服务平台，由党员担任民情速递员，及时掌握群众的诉求，并在
线下落实服务措施，实现了"群众线上点单、党员线下服务"的服务与管理
模式。建设O2O服务平台，打造集意见收集、问题转办、信息反馈等功能于
一体的便民服务系统，及时为群众排忧解难、答疑解惑，切实增强党组织在
群众中的影响力和号召力。该平台充分发挥了"管理员、服务员、宣传员"
的作用，使党群联系的渠道进一步畅通，群众办事进一步方便快捷，基层治
理进一步精准高效。

二、O2O三级"线上"服务平台

"阿姨，平时家里出了事儿想请村委帮忙，大概多久能有反馈啊？"

"很快，你把问题发到微信群里，反馈都是很及时的，解决问题一般不会超过一天，大问题都反映到上面去了，大领导三天之内一般都会来解决问题。"

你可能会想村委怎会如此及时地了解村民反映的问题，并且及时解决？原来是浔龙河村所在的长沙县实行建设的O2O三级"线上"服务平台上线了：问题及时报，反馈及时回，困难及时消。这个O2O平台到底是什么样的？那就一起来了解一下这个"时髦"的O2O三级"线上"服务平台吧。

（一）O2O三级"线上"服务平台的基本功能介绍

为了贯彻落实省、市、县委关于加强服务型党组织建设要求，长沙县用"O2O"移动电子商务模式抓党建、转作风、强服务、惠民生，破解联系服务群众"最后一千米"的问题，努力提升服务功能、提升服务能力、提升工作水平、提升满意程度，形成机关服务基层、组织服务党员、党员服务群众、党建服务大局的工作格局。通过建立镇、村、组三级微信群（微网或App）和完善党建服务中心，将"O2O"新型电子商务模式引入党建实践创新，搭建"群众线上点单""干部线下服务"的党员服务平台，通过开展宣传政策法规、化解矛盾纠纷、代办群众事项、解决实际问题，实现党组织与党员、党员与党员、党员与群众双向互动，进一步巩固和提升服务型党组织建设，实现联系基层渠道进一步畅通、群众办事进一步方便快捷、基层治理进一步精准高效。

1. 组建镇、村、组三级服务平台，创建群众"线上点菜下单"服务模式

一是镇"O2O"服务平台。建立果园镇"O2O"服务平台（微信、微网、公众号或App），建立镇中心群，成员包括：镇班子成员、机关干部、站办所主要负责人和村（社区）主要负责人。通过定期权威信息发布、会议精神传达、惠民政策出台、动态情况通报等，建立信息收集、加工、发布的长效机制，及时收集群众意见建议，落实群众诉求。政府各站、办、所根据分线管理内容，需自行组建若干分支服务群，成员包括镇分管领导，业务站、办、所干部，村（社区）分管专干和部分民生快递员。如O2O平安创建群的组成人员是：镇街党委书记、镇长、分管政法班子成员、综治办成员、村社区书记及主任、综治专干及部分民生快递员。

二是村（社区）"O2O"服务平台。建立村（社区）微信群，将村（社区）干部、党员、入党积极分子、村民小组长纳入，吸收创业青年、普通群众加入，通过微信群进行政策宣传发布、政务代办、信息推介、困难救助等社会事务和矛盾纠纷调处工作。

三是村（居）民小组"O2O"服务平台。以传统的村（居）民小组为单位，建立村（居）民小组微信群，将本组有条件的党员、群众、企业、个体经营户纳入，把宣传、联系、服务、落实的触角延伸到户，让党员干部在联系和服务群众的过程中增进感情、提高能力、改进作风。

2. 建立镇、村、组三级党员服务中心，构建"线下"服务

一是依托镇政务服务阵地，设立党建服务中心。安排1名党建管理员一站式服务，负责信息采集、上报、转办、交办等事项，处理办结村（社区）报送的群众事项，打造党群议事、宣传教育、就业指导、文体活动、帮扶救助、矛盾调处等"O2O"党员服务中心。

二是要在村（社区）成立"党建中心服务站点"。设1~2名党建联络员，负责信息采集、上报、转办、交办。进一步完善服务站硬件设施，每天安排村（社区）干部现场受理，推行马上办、领着办、代为办的服务方式，主动到县、镇两级为群众代办事项，让群众在家门口就能享受到便捷高效的服务。

三是建立组级"O2O"服务点。选取综合素质较高的党小组组长、村（居）民小组长、预备党员、入党积极分子担任"民生快递员"，每个民生快递员原则上联系30~50户村民，对微信用户进行"线上"联系服务，对非智能手机用户采取入户走访的形式进行"线下"联系服务，及时收集民意、反映民情，并在人口相对集中的地方公布微信群群主和民生快递员联系方式。

（二）爱心传递的桥梁，遮风避雨的港湾

"回来了，回来了"，在激动的话音中，满含着感激，离家出走6天的老人终于被好心人送回了家。易怀亮老人今年73岁，有精神病史，于2017年5月18日离家出走。由于老人经常在外游荡，家人2天后才发现老人失踪。5月20日晚23点，老人的家人将情况反映到村上O2O服务平台，随即该消息迅速在果园镇所有村（社区）党建O2O微信群扩散，引起了大家的共同关注，一起寻找走失的老人。5月23日早晨7点40分左右，浔龙河大兴组的村民范攀在市里上班途中，经过汽车东站时见到一个背白包的老人，跟O2O群发布的寻人启事中的老人形象比较吻合。他当即通过大兴组的组级群发送相片并联系老人的家人，确认为易怀亮老人后，将其安全送至家中。"你说要是没有

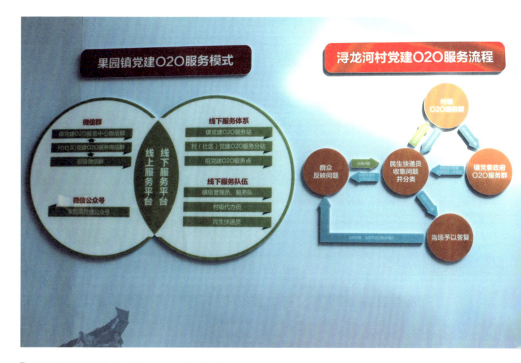

浔龙河党建服务中心的O2O服务流程

O2O，哪能那么快找到老人？"和我们聊天的村民绘声绘色地向我们描述着易怀亮老人走失又被村上年轻人偶遇送回家的故事。

O2O对于村民的便捷，不仅仅在于寻人，更重要的是信息获取的及时性。每个人都会有遇到困难的时候，O2O把人们最需要的"炭火"送到面前，这才是O2O平台最弥足珍贵之处。赵龙组的55岁村民万国放因为意外摔伤骨折在家，儿子还在上学，然而雪上加霜的却是2017年9月万国放的妻子因为心脏扩大病情加重急需进行心脏搭桥手术，医疗费高达20万元。对于这个清贫的家庭来说，高额的医疗费就像压在心头的大石头，不是这个家可以承受得了的。事情一出，村民们就将万国放的情况反映到O2O微信平台上了，村子上各个群组都积极转发。事情反映到上级单位，经过村组干部调查情况，确认万国放的情况属实，接下来一个月进行了浔龙河村范围内的募捐活动，募得善款数万元。尽管村子里募捐的钱并不足以支付全部的医疗费，但是万国放感激不已，手写感谢信，感谢信也被传遍浔龙河村的各个微信群组。

平时村民们看见村子里有什么事，随手就会拍张照片上传到自己的村组微信群中。村组组长看见了，如果能够帮助村民解决的，也不耽误时间，立即就会帮村民解决。解决不了的问题，民生快递员就会上传到上一级的微信群组织。浔龙河村里每个村委的职责都分工明确，该哪个部门管理的问

O2O党建服务台账和工作手册

题，哪个部门的负责人就要出来解决问题。正是因为浔龙河的村民有这个"O2O'线上'服务平台"，爱心才能传递，走失的老人才能及时回家，才能高效解决村民的燃眉之急。微信如今普及度较高，操作较为简单，对于年龄大的村民同样适用。长沙县政府这一与时俱进的党建线上平台的建立，是真正将"便利"送到了千家万户。

三、"四层级"村民自治

上文也稍微介绍到关于"四层级"的村民自治机制，即党支部提议、村支两委扩大会议商议、村民议事会审议（或决议）、村民代表大会决议和议事过程公开、实施结果公布的"四议两公开"制度，对重大事项实行村民民主决策。浔龙河生态艺术小镇的创新充分体现了村民的意愿，引进了"群体村民民主决策"制度，即村民全体民主决策票决村集体事务的全新机制与方式，这一机制与方式成为村集体村民意愿表达的最佳方式。自治民主决策是一种直接的民主形式，是由村民或社区居民通过直接投票的方式，就相关议题表达同意、反对或弃权的明确态度并进行表决，然后根据表决结果达成决策的一种制度。浔龙河村就是采用这种方式开启了民主决策的探索。

第一次：2010年9月19日，村党支部、村委会（简称"村支两委"）和浔龙河农业科技开发公司联合组织召开了申请城乡一体化试点村民民主决策大会，村里18岁以上村民全部回来参加投票。全村村民投票支持率为97.2%。对不同意的28户村民，村支两委又专门挨家挨户上门宣传，终于赢得了大家的广泛支持，最终做出了在双河村建设浔龙河生态艺术小镇的重大决定。从此，村民集体决策成为重要决策程序。如果村民不愿意，村支两委绝不会强制推进任何事项。

2010年12月23日上午，长沙县在该县果园镇双河村村部举行"长沙县果园镇第一次政府公众开放日浔龙河生态艺术小镇集中居住选址民主决策活动"和长沙县农村服务平台启动仪式，这标志着覆盖农村、集聚民智的政府信息公开和公众参与平台的正式运行，也是践行农民有序参与政府行政决策的生动案例。当天一大早，双河村五七组的村民就来到村部参加"民主决策"活动。村民卢高士说，2009年村里就开始组织村民进行土地流转，农民把自己的土地转包给公司进行经营，每年可以得到每亩700元的粮食补助，公司还可以安排自己和家人在那里上班，"以前家人都在外地打工，导致很多土地都荒废了，今天，政府又征集民意，以房换房建设生态小镇，而且补助款比购房的价格要充裕。我们变成了真正的城里人"。

第二次：2010年11月24日，双河村召开了村民集中居住地选址全村民主决策大会，村民投票支持率高达98.14%。

第三次：2012年4月26日到5月1日，全村再次举行了浔龙河土地合作社成立征求意见暨民主决策大会，这一次，群众支持率达到100%。此后，浔龙河村依靠国家、省、市、县各级的政策支持，通过确权和流转把土地集中起来，使之成为与企业平等合作的资本，确立了村民的主体地位，使村民在乡村振兴的过程中有了主动权。

浔龙河的村民民主决策改变的是什么？最重要的改变是通过村民民主决策让村民承认土地流转的合法性和合理性，释放了农村土地资源的价值潜力，为现代农业生产创造了条件。而土地经营权及其引导的规模化、标

■ （从左至右）谭明、姚爱明、徐宏勋、马海娅、季中扬、田文宇、谭创明

准化与公司化经营又进一步解放了农村生产力，为农村现代化建设打下了基础。

四、新乡贤——张博闻

　　一个处于发展上升期的乡村，离不开社会各界各种形式的帮助。我们在浔龙河村调研时发现，很多不是浔龙河本村的村民，也在为这个正在不断振兴中的小村贡献自己那份蓬勃炙热的力量。他们默默无声，平凡却伟大，用自己的努力尽可能地让浔龙河变得更加美好。而在这群"平凡而伟大"的奉献者中，我们结识了这个人生经历让人不禁咂舌的人——张博闻书记。

张博闻1971年12月生于常德市汉寿县一个农民家庭，跟众多农民的儿子一样，敦敦实实的外表，就像一株南方的水稻，习惯低头的水稻，外表朴实的水稻。很少有人知道，他的内心，却永远闪烁着理想的光亮。

村企党支部书记——张博闻

学生时代的张博闻一直品学兼优，也一直是学校主要的学生干部。凭借优异的表现和突出的综合素质，1993年他被分配到当时地处开发区内唯一的一所中学——星沙中学任教，年仅28岁就位居校长。从教14年，无论是在义务教育阶段的星沙中学还是在省示范性中学长沙县一中，他以教书育人为己任，心系学生，为学生的终身发展服务。张博闻多次被市县评为优秀党员、优秀教育工作者。他的授课艺术和师德风范至今在星沙人民中广为传颂，也被很多原来的学生和学生家长视为对他们及家庭影响最大的人。

张书记提起自己教书育人时期的事，眼睛里闪闪发亮，那是一种希望用自己的力量改变从贫困家庭中走出来的孩子的命运的渴望。后来张书记说自己之后回学校办讲座的时候偶遇曾经的学生，学生的热情感念令他感慨不已。他深感，自己到底还是一个老师，虽然已经离开那个神圣的岗位，但是初心不变，依旧希望这个社会有更多机会给那些愿意用自己努力改变命运的孩子。

说到改变自己人生轨迹的原因，张书记说："每个人都有自己的使命，我年纪轻轻就已经看到了作为一个教育者一生的路程，我觉得我能为学生们做的不仅仅是教书育人这一点事，应该有更多的事儿我可以为他们做。"在对学生家访过程中，他经常看到农村的"牛郎织女""空巢老人""留守儿童"等现象，这些情况严重影响了学生的成长和家庭的幸福。出身贫寒的他感同身受，心急如焚，一直梦想着能够为此做一些力所能及的事。

就在张书记思考人生轨迹的时候，浔龙河的柳中辉书记找到了他。他的梦想与抱负感染了张书记。一个是想要改变家乡面貌以及父老乡亲命运的人，一个是想要提高人生价值，为社会发展添砖加瓦的人，两人不谋而合。

终于，2007年8月8日，张书记下定决心"选准行业做对事，选准企业跟对人"，激流转向、弃教从商、义无反顾地加入到浔龙河生态艺术小镇的开发建设队伍之中。

　　面对陌生的行业，他放下曾是高级教师和知名学校校长的架子，谦虚谨慎、低调做人、高调做事，找准了"团队、创新、品牌"的企业文化建设路子。浔龙河公司很快成立了企业党支部，并任命他为党支部书记，随即成立了企业工会并推选他为工会主席，同时还兼任集团公司分管行政人事的副总裁。身兼多职的他立志尽快实现公司由过去"游击部队"向未来"正规部队"的转化。

　　为尽早消除"围城"现象，实现当地老百姓就地就近城镇化和就地就近就业并打通城里人下乡投资、兴业、安家的渠道，让原住民、回归民、探访民过上"城中有乡、乡中有城"的生活，2010年张书记和他所在的团队放弃了房地产行业，离开喧嚣的城市走向贫困的山村，开始探索如何最大限度地将农村资源变为资产和资本，进而实现以"取之于民、用之于民、变废为宝、精准扶贫"等为主要内容的浔龙河模式。

　　他亲身实践浔龙河生态艺术小镇的开发与建设。在项目启动阶段，身为企业党支部书记和村企共建工作的指导员，他提出"党建凝聚人心，激发发展动力"的口号，配合村企党支部将各群团组织负责人发展为党员，并建议每一个党员都要联系群众、每一个群众都有党员联系。并且，进一步推进"党建＋四级决策机制"，这在统一老百姓思想方面发挥了很大作用，大大提高了决策效率，加快实现了项目从无到有的启动过程。在浔龙河项目推进阶段，他以"党建谋发展，加快推进进程"为指导思想，做到有明确的目标（党建引领促发展、村级共建惠民生、努力争创全国先进基层党组织和全国文明村）、有得力的抓手（组织共建、党员共管、阵地共用、活动共抓和发展共促）、有鲜明的立场（依法治村、诚信立村、产业兴村和文化强村）。

另外，推进"党建＋"经济、文化、民生、武装等工作，O2O党建平台的运用以及党员三务积分制度（为调动党员服务村民的积极性而采用的一种激励政策）的科学使用都是浔龙河党建的特色。这些工作都为浔龙河文明村的招牌以及先进基层党组织荣誉的获得立下了汗马功劳，更主要的是还加快了项目开发建设的进程。在浔龙河项目提升阶段，他树立"党建树品牌、提升影响力"的先进意识，通过规范党建的日常工作、示范岗建设工作以及发动志愿者活动，提高党员素质并带动群众素质的提升，使浔龙河在对外开放中"人人都是环境，个个都是形象"。他主编的《浔龙河报》《浔龙河村志》《村规民约》，担任制片人的电视连续剧《浔龙河》等更是大大提高了浔龙河模式的影响力和品牌价值。

他还倾力投资浔龙河生态艺术小镇的发展。开发和建设浔龙河生态艺术小镇需要恒心和毅力，更需要情结和情怀。为了浔龙河事业，他抛弃了安逸的生活，经受着别人质疑的眼光。一个发展中的小村，无论前景多么美好，但是在没有成形之前，大多都是嘘声高过呼声，浔龙河项目也曾面临过一段不被人看好的时期。张书记在那个急切的当口个人投资近千万元并带来大量投资，既鼓舞了士气、凝聚了人心，更推动了发展。在实践的基础上，张书记还不断研究、宣传和推广浔龙河模式。通过学习和研究，他已领悟到了浔龙河模式的许多真谛，并在宣传和推广浔龙河模式方面不遗余力。无论多忙、多烦、多疲倦，面对任何人，只要一提到浔龙河，他就会充满激情，滔滔不绝，就像他在和我们交谈时一样，逻辑清晰，条理清楚，观点明确。也有可能是骨子里永远抹不去老师的印记，凡是有向他求教的人，他都会以老师那套诲人不倦的方式用心沟通、交流着。

张书记虽改行10年有余了，但变化的是他事业的不断进步和社会责任感的倍增，不变的是他为人师表和贤良方正的优秀品格。

美丽乡村

09

　　"独坐幽篁里，弹琴复长啸。"隐士高人恣意山林，不知浮世今几何，让生活在都市的现代人总会不由自主地生出羡慕之情。然而，长沙的市民们却不用徒生羡慕，他们可以亲自感受来自浔龙河的美丽之景。浔龙河依据自身资源优势，积极打造"世界级的田园综合体"，在最大限度保护当地生态的基础上，大力发展旅游经济。通过举办各种大型活动，使浔龙河成为长沙近郊的"市民公园"。真正做到"绿水青山就是金山银山"，将"望得见山、看得见水、留得住乡愁"重新带回到人们的生活中去。

海德格尔曾说，要诗意地栖居在大地上。我们对诗意的向往也是对乡村的向往，因为那里不仅有乡愁更有诗意生活的样本。对现代生活的疲倦与麻木已然成为现代社会的通病，然而乡村却因空心化严重、衰败不堪成为回不去的地方。如今，在乡村振兴的大环境下，乡村也迎来了历史发展的契机。如何建设美丽乡村，让乡村成为老百姓生活的理想家园，城里人愿意回来的情怀之地，浔龙河一直在探索的路上，并且以实际行动交出了优秀的答卷。

一、浔龙河的生态资源

浔龙河生态艺术小镇自古山清水秀、生态宜人，具有得天独厚的生态资源。小镇地势由北向南逐步从高到低过渡，是典型的江南丘陵风貌。虽然并不是奇山异水，但也是端庄秀丽、落落大方。

小镇内森林覆盖率达70%，阡陌交通，绿树掩映。浔龙河村河流纵横，水系尤其发达，浔龙河、金井河、麻林河交织环绕，与典型的江南丘陵地形地貌互为映衬。由于浔龙河村内过境的水系较多，地下水资源丰富，村内山塘水岸较多，有大冲大塘、鱼婆塘、石塘水库、羊雀塘、园坡等大大小小100多口山塘，因而山水相接，雾气袅袅，烟波荡漾，美不胜收。

浔龙河生态艺术小镇内土壤条件优良，以红土和冲积土为主，耕作层较厚而且非常肥沃，属于典型的亚热带季风湿润气候，气候温和、热量丰富，降水丰沛、日照充足，耕地连片、山林相间，适合农业产业化、规模化经营，有利于现代生态农业、农事体验休闲式全域旅游、生态农产品产业链的形成，具有打造国家级农业综合示范产业园的有利天然沃土。

二、浔龙河的生态规划

浔龙河为创造一个美丽的生态环境，在小镇一开始规划时就强调了浔龙河的环保与生态，并发展了其特色和功能。据分管浔龙河生态的黄君介绍，浔龙河生态艺术小镇包括近8000亩山地、2000多亩水域，以及4800多亩建设用地，以原生山水资源为基础，整合全球最前沿的多元规划技术，通过城镇化、乡村型、旅游为核心的组织形式，力图打造一个世界级的田园综合体。为了实现其环保和生态的特色与功能，浔龙河做了三步走的努力。

第一步，在规划前做好"浔龙河生态特色"的策划定位。以"世界级的田园综合体"为目标，"绿水青山就是金山银山"为思想，"湖南两型示范创先项目"为标准，制定详细的生态特色规划定位，指导后期的项目实施。第二步，在规划中，引入"多规合一"的理念，生态环境发展规划、土地利用空间规划、项目建设总体规划、产业规划、经济发展和民生规划，多规融合保证规划的落地。为了达到以上目标，浔龙河首先开展生态发展评价先行的机制，最大限度地保护当地生态。在技术上先分析自然空间状态、农耕空间状态、城镇建设状态三大空间，规划生态敏感性区域，建立宜建区、限建区、禁建区，保护现有的生态功能。其次，确定发展思路，制订生态建设总体规划。通过规划目标定位和生态发展评价，确定总体发展思路、产业发展思路和生态发展思路，制订整体规划。第三步，结合浔龙河生态的特色，制订专项规划。具体做法便是结合浔龙河当地的生态特色制订绿色交通、水资源、生态绿地、环保能源等专项规划，融入小镇建设总体设计。第四步，通过多规合一完善总体规划。生态建设规划设计完成后征求政府有关部门和专家意见，通过充分交流和沟通把生

▎浔龙河生态艺术小镇接待中心之三

态建设规划与土地利用、城镇空间等其他规划相融合，做到多规划合一，保障总体规划和专项规划的落地。

　　目前浔龙河还在积极加强环境保护和生态保护的宣传，通过浔龙河生态艺术小镇的广告和标识、标牌，增强当地人和游客的环保意识和生态保护意识，做到保护环境人人有责。其次，浔龙河依然需要加强监督管理，预计成立专员，对破坏生态和环境的行径进行有效的监督和管理。

三、市民公园

浔龙河生态艺术小镇以浔龙河14700多亩原生态山水资源为基础，借助浔龙河便捷的交通条件和优美的生态环境，以建设"城镇化的乡村、乡村式的城镇"为目标，打造特色鲜明、产业发展、绿色生态、美丽宜居的特色小镇，形成"产、城、人、文"有机结合的功能平台，营造宜居、宜业、宜游的理想田园生活空间。打造为都市人量身定制的市民公园，打造能满足市民生态旅游与休闲的田园综合体。这样生态环保的乡村小镇不仅是广大村民梦想中的家园，更是市民深深期盼的净土。浔龙河村通过乡村就地城镇化和建设市民公园和假日公园，打造原住民、探访民均向往的，城市文明与乡村文明相结合的，宜居宜业和宜游宜商的美好田园生活方式和生活空间，真正形成了城乡融合发展和人民安居乐业、乐享生活的生动局面。

景区有原生态的山水田园资源，有华佗、杨泗将军等丰富的民间传说和湘中特色民俗文化，有田汉、浔龙河等本地大资源，通过与金鹰卡通频道合作，更引进麦咭等超级资源。景区依托这些独特旅游资源优势，开发了丰富的吃、住、行、游、购、娱产品，对游客形成强大吸引力，覆盖少年儿童、中青年、老年等游客群体。

景区游览设备设施及服务，有占地面积达28亩的浔龙河接待中心、片区游客服务中心。景区有大小停车场共3个，总面积33000多平方米，能同时满足约1500台车的停车需求，布局较合理，场地平整坚实，标识规范、醒目。景区道路和游览路线布局基本合理，配有环保电瓶观光车。

景区建成供销合作社、24小时智能售货店、小卖部三级旅游购物体系，售卖湖湘农特产品、手工艺品及麦咭衍生产品等。景区配置有直饮水、园区

Wi-Fi、广播系统等设施，配备了影视系统、广播系统、宣传教材展示等设备。在景区按照游客体验感，合理设置休闲木亭、长廊、桌椅等30多处。

根据项目特色和不同人群需求，配备了导游、讲解员，提供规范导游讲解服务。与湖南邮政达成制作邮政明信片的合作，能提供邮政服务并出售邮册、纪念邮票等。设有通信基站，并与移动、联通等运营商形成合作，在大型活动人流剧增的情况下安排应急移动通信车。设立有食品安全检测室，配有专业检测设备，确保餐饮服务安全卫生。配有专业的物业公司负责环境卫生清理，园区环境清洁干净。公共卫生间、垃圾箱按照景区配套设施标准配备，布局合理，并建有第三卫生间。安全管理机构和制度健全，设立有保安部，共有保安员19人，制定了《旅游安全生产工作细则》等10多项安全管理制度，园区覆盖监控系统。参照国家标准，结合景区自身特点在景区范围内设置标识标牌共100多处，为游客提供了系统、明了的指示和提示服务。尤其是设置有各类安全、温馨警示标志，还设有医疗卫生室，配备医护人员，提供急救箱、日常用药品、医疗器械等，设立了景区突发事件紧急救援预案并向游客公布内部救援号码。

24小时智能售货店

景区与金鹰卡通频道、长沙政法频道、FM90.5高速广播电台等机构建立战略合作关系，同时结合电子商务、联合旅行社等线上线下渠道，举办系列大型活动，例如麦咭音乐节、民俗文化街、疯狂麦咭嘉年华、浔龙河迎春灯会、浔龙宴、樱花节、自行车赛、风车节、浔龙河龙虾节，开拓市场和宣传景区，迅速在长株潭及省内部分地市形成巨大的市场吸引力。浔龙河生态艺术小镇成了长株潭城市群的市民公园。2016年5—12月接待游客74多万人次，2017年仅上半年就接待了游客86万人次。

景区形成了浔龙河特色的"互联网＋全域旅游"管控体系，管理体制健全，经营机制有效，独创"四员服务""保姆手册"。管理人员配备合理，中高级管理人员具备大专及以上文化程度。景区具有独特的产品形象、良好的质量形象、鲜明的视觉形象和文明的员工形象。景区有上级单位正式批准的总体规划，开发建设项目符合规划要求，培训机构制度明确，业务培训全面，效果良好，上岗人员培训合格率100%。

浔龙河生态艺术小镇立足科学规划，大力打造以生态为基底、以湖湘文化为内核、以本地特色为辅助的综合性景区。通过媒体宣传、组织和主办大型活动、提高服务质量建立品牌口碑等多种形式，做好景区的对外宣传和形象包装。积极开拓客源市场，大力整治环境，加大投入力度。目前，浔龙河村正在启动一系列新的项目建设，包括投资2亿元的麦咭水上世界，占地面积达3.3万多平方米的浔龙河公交客运站，占地4万多平方米、可容纳1200台车的生态停车场，以及1000亩的浔龙河生态园、500多亩的麦咭生态农场等。

四、共享发展

（一）集中改善村民居住环境

受历史传统和经济条件的影响，传统的农村布局零乱分散。一方面，沿河沿路布局的小规模自然村落数量极多，土地占用量、建设用地总体规划模糊，集约利用率低，闲散地及空心村的大量存在造成了土地资源的严重浪费。另一方面，随着二、三产业对劳动力需求的增加，大量的青壮年离开了农村，导致农村住房率进一步降低，而传统农村住房一般占地面积较大，这种粗放的土地利用模式造成了极低的房屋利用率，继而使得土地浪费现象愈发严重。目前人口与耕地之间的矛盾逐渐尖锐化，人均土地占有率低，土地逐渐转化为稀缺资源，再加上后备地资源较少，总潜力仅为2亿亩，而这2亿亩土地并非能够全部转化为现实的耕地。综观近些年来我国土地的使用状况，可以发现我国建设用地的需求量为1200万亩/年，但每年仅能满足一半左右。同时，我国的耕地面积还在以每年1230万亩的速度不断减少。

不得不说在战略机遇期间，土地供需矛盾只会长期存在，甚至愈演愈烈。而建设农村集中居住区，整合农户之间、村落之间的土地，充分规划、开发闲置土地，对节约土地资源意义重大。因而大力推进农民集中居住对于节约土地、改善居住环境、加快城乡一体化具有重要意义，不仅可以为农民带来现代化的城镇生活，而且也可以将高品质的生活、医疗、教育资源提供给农民。

浔龙河村作为湖南的典型丘陵地区，"十里不同音，百里不同俗"，有着与众不同的乡土人情。在研究乡村发展的民生工程时，需要把这些人文的因素与自然资源的因素进行有机的整合，让乡村在发展过程中依然能传承美好的民俗风情，传承中华民族的家国情怀。只有做到民生工程既有高度又有温度，才能更好地带领村民应对挑战、抵御风险、克服阻力，才能让浔龙河生态艺术小镇在经济发展中依然"望得见山，看得见水，留得住乡愁"，实现"绿水青山就是金山银山"的目标。

通过实施村民集中居住公共基础设施集中配套建设，当地很快形成了新型农村社区，并通过社会资本的撬动，打造市民农庄，引导市民下乡休闲、旅游、体验。这样，形成了当地村民的民生、区域内城市市民的民生与乡村文化旅游者的民生三者之间的融合发展。

浔龙河村通过永久宅基地置换新房、农民集中居住住房分配、浔龙河生态艺术小镇开发建设、公共基础设施建设以及生活居住配套设施完善等举措，使当地村民的居住条件、生活条件得到了显著提升。目前，政府通过财政支付已经投入近1亿元，用于完善乡村的水、电、气、有线电视网络等公共配套服务设施；社会资本投入了1.8亿元，用于村集体经济发展的配套性产业发展引导资金，如一级土地整理、文化旅游项目建设、现代农业开发等方面。

（二）促进农民就地就近就业创业

2017年1月18日，国务院通过了《"十三五"促进就业规划》，指出就业是最大的民生，也是经济发展最基本的支撑。"十三五"时期，要把实施积极的就业政策摆在更加突出的位置，提高民生就业最好的方式就是就近就业与创业。浔龙河生态艺术小镇的民生工程在促进当地村民充分就近就业上取得了成绩。具体的做法是引进有一定实力的品牌培训机构，在村内创办一所实用技术培训学校，在农业的延伸产业上为村民培训技能，主要是蔬菜花木的种植、农产品的精深加工以及乡村旅游、物业管理等服务业的岗位培训。在这个基础上，成立了浔龙河农民就业服务中心，依托浔龙河生态艺术小镇的产业发展来吸纳村民就地就业。

2017年，浔龙河村已安排就业330人。其中，本村村民有15户共23人实现了创业，有235户共307人实现了就业，而且收入按创业人数和就业人数分别达到1396万元/年和925万元/年。

（三）开展村民养老保险

在农村要做到老有所依、老有所养，就要完善农村的基本养老保障。浔龙河生态艺术小镇将全体村民纳入新农保范畴，还适当提高了参保额度和保障力度。凡将土地进行了流转的村民，可将部分土地流转费置换成养老保险作为参保费用，参保村民到退休年龄后，每月可领取一定数目的养老保险金。

（四）丰富村民精神生活

不断满足农民日益增长的精神文化需求是乡村文化振兴的重要任务。随着浔龙河项目建设步伐的加快，村民的物质生活不断丰富，对精神文化生活的需求也越来越多样化，精神文化生活越来越得到重视、受到关注。

浔龙河以村级文化建设为着力点，高标准建设各类文化阵地，成立了浔龙河文化艺术团，开展各类文化娱乐活动，构建了生态艺术小镇良好的人文环境。浔龙河文化艺术团作为浔龙河村文化活动的重要平台，自2011年1月组建以来，先后成立了龙狮队、广场舞队、军鼓队、腰鼓队、西乐队、民乐队、戏曲队、威风鼓队、花轿队等。2012年7月，艺术团获批为民办非企业单位，下设老年协会、书画协会等分支机构。在上级主管部门的具体指导下，艺术团以"挖掘浔龙河村丰富的文化内涵，繁荣村民精神文化生活，打造浔龙河艺术品牌"为宗旨，演职人员分工明确，规章制度建立健全，管理正逐步向正规化、市场化迈进。全体队员经常参加省、市、县、乡组织的各种大型文艺演出，积极开展和承办村级文艺活动，极大地丰富了村民的精神文化生活，调动了群众参与村级建设的积极性。

（五）不断增加农民收入

村集体成立了土地专业合作社，通过统一管理、全面摸清家底，将原来沉睡的乡村土地资源唤醒，在自愿互利、合法创新、正确引导的原则下，经营好全村的集体土地资源，收益由村集体的合作社统一分配，建立了兼顾国家、集体、个人的土地增值收益分配机制，大幅提高了村民的收益。这是浔龙河村土地制度改革试点的重大突破。

最近几年，浔龙河村村民都可以得到以下4部分的收入：

第一部分，村集体闲置土地流转费。这作为农民生活的"保底"性收益，保障了农民的生存权益不动摇，保障了农民的"饭碗"。对浔龙河项目区内不需要开展建设的土地由企业实施集中流转，按照明确的标准流转土地，并按照当年国家粮食收购价以现金的形式支付租金，村民依靠村集体的分配获得相应的租金收入。土地流转后不改变耕地的农用性质，用于发展现代农业和乡村旅游，大大提升土地的产出效益，同时保障村民在不损失任何权益的前提下获得稳定的长期可持续收入。

第二部分，实施土地增减挂钩推进村民集中居住增加的收益。通过实施集中居住，将节约的宅基地指标置换成为国有出让用地，以土地收益返还资金实施村民集中居住。浔龙河村共可节约宅基地面积340亩，在暮云街道置换土地指标221亩，预计土地收益返还约为2亿元。此外，农民还可以通过对自有住房的出租获得租金收益，利用自有住房开展多种经营活动获得经营收益，通过自有住房抵押贷款开展多种形式的创新创业等。

第三部分，试点集体经营性建设用地上市交易的收益。浔龙河村在浔龙河生态艺术小镇项目区规划了300亩集体经营建设用地。由村集体以土地入股或者村集体投资的方式建设停车场、加油站等可经营项目，其获得的股份收益由村民按土地合作社中的股份比例进行分红，实现村民稳定增收。

第四部分，开展土地征收和交易获得的收益。根据产业发展的需要，对项目区内2500亩国有用地和1000亩集体建设用地进行征收，按农户实际可得3.384万元每亩征收补偿款计算，户均可以获得收益约19.67万元。

探访村民后，我们了解到除了这些农民实实在在拿到手的收入外，以孝道为村风的浔龙河村，每逢过年、"三八"妇女节的时候也会慰问老人和村上的妇女同志，让每一个身处浔龙河的村民都感受到集体的温暖，从心底热爱自己脚下的这片热土，这座村庄让爱在村里的每家每户中传递。

浔龙河的美丽乡村建设取得良好成效，荣获"全国美丽宜居村庄""湖南省同心美丽乡村"等称号。百姓的幸福感提升了，外地的游客也多了，名气也打响了，已经成为城郊融合发展和乡村建设的典型案例。在浔龙河人的努力下，这片土地不仅变成承载着乡愁的世外桃源，也成为忙碌的现代人的心灵栖息之地。它还有着更为广阔的想象空间，也将带给我们更多的惊喜。

浔龙河村的领头人

10

　　"火车跑得快，全靠车头带。"在浔龙河，无论在何处与老乡们聊起天都会谈到一个人，这个人便是柳中辉书记。在浔龙河的整体规划中，有他的身影；在浔龙河的致富课堂上，也有他的身影；在浔龙河的农民歌手大赛上，依然有他的身影。在乡村振兴的探索道路上，无论前方如何泥泞，你一定会看到一个负重前进的身影，那就是他——柳中辉。

每一个成功振兴的乡村总有一位出色的领头人。在浔龙河村，柳中辉就是这样一个人，他不仅彻底改变了浔龙河村，还以浔龙河村为个案，默默地探索着中国乡村振兴的新路径。

一、初心伊始——浔龙河村振兴的缘起

每当村民们提到8年前的浔龙河村的时候，总是带着一些羞怯与不好意思。当时的浔龙河村还没有这么一个富有神秘并带着些许隐喻的名字，彼时的浔龙河村还叫作双河村，一个朴实无华、普普通通的村名。平凡的双河村是当时湖南省的贫困村，尽管贫困是客观因素造成的结果，但到底说出去名声是不大好听的，"不瞒您说，我也不怕您笑话，咱们这儿以前是真穷，出去讨饭的人也是大有人在的"。当地一个村民腼腆地笑着说道。

然而就是短短8年，浔龙河村不仅脱离了贫困村之列，而且成为湖南省首屈一指的特色小镇示范村，而这个村翻天覆地的变化就是从2010年的那天开始的……

"父老乡亲们，我是柳中辉，大家可能也知道我之前一直在外做生意，这十来年也的的确确在外面赚着钱了，如今回到这个生我养我的地方，其他也不求，只是希望乌鸦反哺，为家乡做些贡献，当然，乡亲们现在对于我说的这些话可能还存在顾虑，这些我都能理解，也请大家给我一个机会，让我带着大家伙儿一同往好日子的方向上努力，请大家看我表现！"一段简简单单的竞选演讲，明明白白地阐述了柳中辉想要回归故里，振兴家乡的心愿。村子里面都晓得老柳家出了一个孝子，年轻人脑子活泛，为人厚道，在外面也是做过大事儿的人，那是个有能耐的人物，"选他也就是试试，再差也差

▌柳中辉，男，1974年1月生，湖南省长沙县人，中共党员，现任中国城镇化促进会副主席、湖南省长沙县果园镇浔龙河村党总支第一书记、中国乡村旅游研究院名誉院长、浔龙河投资控股（集团）公司董事长，中国乡村振兴的探索者、实践者和推动者，所开创的浔龙河村生态艺术小镇对中国乡村振兴战略具有典型示范意义

不到哪里去"。就是抱着这样的心情，大部分村民都很看好这个急流勇退、回乡搞建设的柳中辉，而柳中辉就这样当上了浔龙河村的党总支第一书记。这个柳中辉正是我们今天的主人公，浔龙河乡村振兴的领头人。

"欲戴其冠必承其重"，没有哪个人能够随随便便成功。那时的柳中辉看似风光却不承想他刚刚经历丧父之痛，15天守孝灵堂，让柳中辉不断地反问自己，金钱的意义到底是什么？"我父亲身体一直挺硬朗的，2009年他才63岁，突然就得了心肌梗死过世，连他临终我都不在他身边，当时一心就想着如果一个亿能救回我父亲，倾家荡产也要救；如果10个亿能救回他，拼尽全力赚钱就是，然而金钱并不能挽留父亲的生命。"这是柳中辉在访谈中说的话，神情是落寞的，话语中透露了多少的无奈。彼时的柳中辉不明白，为什么自己用了最宝贵的青春、年华去拼搏，然而得到的却是"子欲养而亲不待"的结果，这样的挫折是实实在在地将柳中辉彻彻底底地钉在现实的案板上，让他痛得没有一点喘气的机会。

那痛彻心扉的15个日夜，父亲躺在床板上，自己就跪在他旁边，柳中辉凝望着父亲的遗体反复地问自己，"钱到底是什么？我到底为什么赚钱？我真正希望的是什么？"父亲的离世让柳中辉以往的金钱观、人生观发生了重大转变。柳中辉那时意识到金钱只是工具，人真正想要的是幸福，是那种发自内心的满足感。他突然领悟到自己不能只是为了赚钱而赚钱，这样的金钱

会客中心——湘里

易得来，却也是意义不大的。

"回归故里的第二个重要原因是因为我的母亲。"柳中辉的父亲是一名铁路工人，母亲是一个典型的传统农村妇女。父亲的葬礼过后，孝顺的柳中辉想着绝对不能让父亲的悲剧再发生在母亲身上，想着一定要和母亲生活在一起才能真正照顾到她。他打算带着母亲去城市里生活，奈何母亲一辈子都生活在乡村，城市的喧嚣让勤劳淳朴的母亲实在是接受不了，因此她拒绝了柳中辉的提议，就要留在村子上了此残生。柳中辉对"孝顺"有独到解读，"孝顺孝顺，你顺着父母心了，自然也就孝了"。因此尽管城市各方面条件都要远高于农村，母亲的一句"不愿"，也就让柳中辉放弃了将母亲接进城市里生活的打算。

母亲不愿去城市那就只能自己回到故里和母亲一起生活。然而曾经见过世面，享过富贵的自己重新回到这片热土时却是百般不适应，很多方面都十分的不便捷。什么是乡愁，它其实仅仅是一种记忆，因为是家乡，所以很多不足的地方在记忆中都被忽略、被美化，但是真正生活进乡愁又是另一个概念了。

"真是想洗个澡都要自己烧水，用惯了城市中的抽水马桶，当时回乡的狼狈也是可想而知的了。"那时的柳中辉想，那就自己捯饬捯饬，自己手上也有资金，以后生活在这儿，总要让自己舒服了才能住得长久。再说，房子弄好了，母亲住得也能更舒服。于是说干就干，家里的房子修葺工作便被提上日程，完工也就是时日问题，倒也不急。

这时候村中的老党员、老干部听闻柳中辉回乡定居，想着这么好的人才可不能浪费了，就到柳中辉的家中游说，让他去竞选村书记。"一个村要想富，党委书记领好路。"柳中辉虽说手头宽裕，到底也才三十六七岁的人，

柳中辉书记介绍浔龙河村的建设

现在就过起"老年生活"也不现实。再说他也不是闲得住的人，正好有这个契机，就寻思着自己也该为村里做贡献了。自己手上有钱，也算是有能力去出这份心力，这才有了上文柳中辉竞选的情节。

毕竟是曾经做过上亿资本运转的生意人，在做振兴乡土之前，情怀是要有的，但更重要的是如何将自己的目标变成一个切实可行的计划。踏踏实实地完成一个个计划，这才能将情怀落地成为真正实现惠民的关键。

《史记》有云："天下熙熙，皆为利来，天下攘攘，皆为利往。"可见利己之心乃凡俗之心，人性趋利亦是天性。柳中辉年轻的时候就明白一个道理，在利益面前，人会迷失自己，从而造成严重的错误。古语有言："人散财聚，财散人聚"，就是这样一个道理，在所有要素中，人的要素要比眼前的利益要素重要得多，然而很多人却是一叶障目，迷了心智，失了机会。三十几岁的柳中辉时刻告诫自己，人才要素是当下最重要的事情。因此，为得民心，柳中辉在多方面做出努力，不求回报地付出，帮助父老乡亲。比如，乡下土路难行，下雨天更是泥泞不堪，柳中辉看在眼里急在心上，自掏腰包为村里修路。放眼全中国，村书记自掏腰包修建基础设施的事儿，怕也是不多见的。原来的浔龙河村（原双河村）是省级贫困村，村子里家庭生活困难的村民，比比皆是，柳中辉也不多说什么，默默资助就是他的行动……

就在柳中辉一个一个实际行动的过程中，村民的民心慢慢聚拢。然而柳中辉明白想要带领老百姓脱贫致富绝对不是像这样不断"输血"，最重要的还是要让村子有"造血干细胞"，能"自我产血"。"授人以鱼，不如授人以渔"，话虽如此，任重道远，道阻且长，前行之路异常艰难。

"功成不必在我，但功成必定有我"，柳中辉自小志坚，商场沉浮数十载。顽强的毅力是成功之人的共通之处，柳中辉自然也就不必说了。顽强的毅力是他能将浔龙河村发展成现在面貌最关键的因素之一。

虽说柳中辉年少有为，勇于进取，敢于创新，然宝剑出鞘非一日之功，自然也难避千锤百炼。话说1994年，柳中辉到长沙县首屈一指的湖南省果园汽车改装厂上班，1988年至1996年该厂绩效一直是全国前三，湖南省第一。作为一个业务员，他需要走南闯北，这期间的经历为他打下了良好的口才基础。在汽车厂5年跑业务的过程中，柳中辉从一个稚气少年成长为一个砥柱青年，华茂正盛，当上了销售科科长，个人销售额更是占了全厂销售业绩的10%左右，人生阅历逐年提升，对自己未来的规划也越来越有主意。

1999年离开湖南后，柳中辉南下直去广州，在如今的一家上市电器企业任职。作为销售代表，之前积累的经验为柳中辉的事业带来不小的助益，销售业绩常常遥遥领先。2000年左右，拥有两台桑塔纳、80万元存款的柳中辉尝试了人生中的第一次投资，然时运不济，投资失败。这次失败的后果非常惨痛，除了80万元的存款全亏了，自己还欠了两个朋友各10万元，银行还有50万元的贷款。当时的农业信用合作社的利息比较高，一厘八分三，对于彼时的柳中辉来说，真是雪上加霜，"我不吃不喝一年要还十来万的利息，我要是光靠工资，这辈子都要成'负翁'"。柳中辉穷则变，变则通，通则久，他原本想和电器厂的厂长说明情况，想协商让厂长出让一些股权给自己，厂长归国的儿子十分赞成柳中辉的提议，然而命运弄人，最终协议洽谈未成功。

"人真的是要抗压的"，柳中辉说这句话的时候面带苦涩。当时的柳中辉孤注一掷，将名下的两台桑塔纳变卖筹得17万元，两个欠钱的朋友各还5万，剩下的7万元中5万给妻子孩子生活。他带着剩下的两万元，下海去了深圳，"那时候真是没办法了，就留下一句话："赚不到钱我就不回来。""

柳中辉带着这样的决心南下经商，在朋友的帮助下，从两万元的小工程开始做起，接下来是20万、200万、2000万……当时做工程需要采购建材，考虑到成本问题，2005年就成立了湖南圣力建材贸易有限公司，做钢材、水泥生意，规模、声誉排当时湖南省前三。

"后来做水泥的朋友需要煤炭，我就成立了一个煤炭事业部。"时代不断发展，工程材料也不断革新，到后来的几年，大多数的工程对混凝土的需求都比较大，柳中辉就通过煤炭交换水泥制作混凝土，生意也是做得蒸蒸日上。"湖南有段时间要建学生宿舍，但是大学又没有钱给我们，然后就商量用土地换，我们在上面盖学生宿舍，盖好学生入住后我们有权收房租。"就在这个契机下，柳中辉做起了房地产生意。

2005年柳中辉因煤炭生意的公务来到北京，看见了北京的繁华与机遇。柳中辉接下来的三年时间几乎都是半年北京半年长沙地生活，一切以工作为重心，但一切都在2009年得知父亲去世的噩耗中戛然而止……

二、乡愁落地——浔龙河模式的探索之路

当上浔龙河村的第一书记之后，柳中辉深感自己肩上的责任重大。第一个非常现实的问题就摆在柳中辉的面前，民生发展问题如何解决？民生发展说到底都是关于如何解决老百姓现实的问题。

要解决老百姓的问题第一件事就是抓治理统一思想。现在之所以村集体不容易做成事，关键的问题还在于组织结构松散，组织的紧密程度直接影响村务实施的效率。传统的中国乡村，"差序格局"是紧密联系人际关系的重要因素。但是随着时代的发展，"圈层文化"不断浸透乡土百姓的生活，同一个圈子的人有共同的爱好、语言体系，那么集聚到一起做成事的可能性就比较大。柳中辉将想法付诸行动，重新构建了浔龙河村的组织体系，将原来以村民小组进行划分的党员关系改为按照老、中、青三个年龄层创建了三个党小组，现在已经形成三个支部，党员形成三个圈层之后，再让党员带动村民。

35岁及以下由青年人组成，创建了青年联合会，浔龙河村青年联合会旨在为该村500多名青年的发展提供机遇和帮助，鼓励他们回乡就业创业。36岁至59岁之间一般是中年女同志留守家中的比较多，因此，考虑到女性对于唱歌舞蹈方面的热情，成立了一个浔龙河文化艺术团。2012年7月18日，史润东将田汉文化艺术团改为长沙县浔龙河文化艺术团，先后设立了龙狮队、广

场舞队、军鼓队、腰鼓队、西乐队、民乐队、戏曲队、威风鼓队、花轿队等。艺术团成员以村民为主体，共有队员87名，专业老师5名。60岁及以上的村民组成了老年协会，其中还包括了书法协会。这样每一个年龄段的村民都可以寻找到自己所在的年龄层的组织，除了丰富了自己的休闲文娱生活，也让村子内生出凝聚力。"有了组织就自然而然会有组织意识，这样一个团体才会有凝聚力。"

单单有组织是远远不够的，在乡土社会讲究的是一个"情"字，百姓淳朴，也最是重感情，然而徒有组织没有活动难免让各个组织变成了一个空壳，"有了骨架就要丰富它，让它充分地调动起村民对美好生活追求的积极性"。为了让村民真正将组织作为值得依赖的大家庭与生活中的重要部分，老年协会自2012年成立以来，先后开展了孝心家庭评选、环境卫生理念宣传等一系列活动，积极协助完成《浔龙河》电视剧的拍摄，开展了浔龙河村首届"好婆媳"评选，评选出9户最佳婆媳；艺术团先后举办了广场舞比赛、两次农民歌手大奖赛、群众演员海选，协助拍摄了电视剧《浔龙河》……村民们在一次次的活动中慢慢认识到组织的重要性，慢慢了解自己在组织中的角色，在享受丰富的文化娱乐生活的同时，也增进了彼此之间的感情。

有了扎实的群团组织，还要有优秀的干部带队。柳中辉畅言道："这其实并不难，毛主席已经在前面开山引路，我们也就是将毛主席的理论拿到基层实践罢了。"毛主席的《农村调查报告》中记载："农村分为四种人：一是能干事但是不想管事的人；第二类是一个比较庞大的群体，大约占整体的七成，随波逐流型，随大流是中国人骨子中的民族特性之一，哪边人多就站哪边，从众心理较重；三是能干事也想管事的人；第四种就是既不想干事还想烂事的人，一小撮人，也是不可避免，哪个地方也都是有的。" 那么，党组织就需要联合第三种人，团结第一、二种人，孤立第四种人。既然要联合第三种人，那就让第三种人当干部带队。

基层治理的最后一块抓的就是民主建设，柳中辉设计了一个"四级决策"制度。一般事项，村支两委决策；较大事项，村支两委扩大决策；重大事项，村民代表大会、党员大会决策；特大事项，全村18岁及以上村民民主决策。让浔龙河村的老百姓充分行使知情权、参与权和决策权。

基层治理的方向定好之后，就面临了第二个棘手的问题——确权问题。柳中辉认为：乡村发展站在金融的角度来看就是乡村资源如何进行资产化，进而如何资本化，最后如何证券化，这是乡村振兴的基础框架，而整个理论的建构则基于柳中辉多年商场拼搏形成的经济逻辑。

发现症结之所在，就要按方抓药，进行农民权利确立的统计、整理。说起来轻松，干起来却实实在在地费时费力。中国人对于物权法的意识淡薄，农村就更谈不上什么物权法的概念了。每一个农民以农户为单位有三个权利：宅基地使用权、土地承包权、集体收益分红权。但是，这三个权利下的资源边界模糊，所以，为了清晰资源配置和权利边界，当时的柳中辉成立了"六权确权小组"〔六权包括土地的所有权、承包权、经营权；宅基地的使用权；生态资源所有权和它的集体所有分红（生态资源包括水潭、林地、庙宇）〕。确权工作进行了4个月，终于将浔龙河村村民的权利落实了下来。

资本进村是乡村振兴的核心。资本进村能够为村子增加外部的新鲜血液，变成当地老百姓的共享资源。对于资本而言则需要让它"进得来、出得去、赚到钱"，这就能让持有资本的投资者对村子本身的实力放心。外部资本和内部村民之间的利益共享也是浔龙河村模式能成功的最大关键之一。

关于整个村子的发展，柳中辉总结了三个保护做前提、三个导入做驱动、产生两个价值，最终获得各方满意。三个保护：一、保护好生态环境、人文环境；二、保护好基本农田（红线），这是基本的安全问题（不能减少耕地的数量、不能改变耕地的性质）；三、保护好当地老百姓的根本利益、共享权。三个导入：城市里的产业、资本、人才的导入，光依托村子本体，现实地来说不大可能，毕竟之前的教育资源、经济资源、社会资源相对于城市而言是匮乏的，所以需要外来的驱动力带动村子的内动力。两个价值：社会价值（民生提高、经济增长、政策实施）、经济价值（老百姓、投资者、政府共同赢利）。

整个模式是民生作根本、政治作领头、经济作支撑，各司其职，三角结构平衡发展，这才让柳中辉的乡愁情怀落了地开了花。

三、不懈追求——理论和实践的结合

为老百姓做事不能"拍脑袋"决定，"说实话乡村振兴这件事怎么做我之前肯定是没有经验的，一开始也不知道到底应该怎么做，第一年当书记时在全国各个典型的模范、金牌村子上跑了一圈，毕竟'实践是理论的来源，也是检验真理的唯一标准'"。

柳中辉为了设计出最合理、最具有可复制性模式的特色小镇，走访了全国各个特色村镇，小岗村、乌镇、袁家村、鲁家村、华西村……袁家村去了4次，华西村去了5次。在考察期间，柳中辉并不大喜欢跟着接待团进行常规考察，他总是喜欢一个人静静走在村间的小路上，亲眼观察那些村子中的规划优点以及存在的缺点，反复总结。"空口白牙就是说胡话，我说的这些结论都是我自己总结的，那么我在进行自己村子的规划的时候，我就非常了解我规划的每一个点的优势，尽量避免劣势。"

"书记是没有休息日的，像上海、北京、广州，基本上当天早上去，晚上就要赶回来，害怕住宿当地耽误时间，周六、周日只要书记有时间，对于外来的访客和投资者，书记都尽量自己来讲解、介绍浔龙河村特色小镇模式。"一位接待中心的员工为我们介绍了柳中辉的日常生活。反思和总结是柳中辉经常干的事，最终在经过2010年一整年的考察和调研后，他总结出了关于中国乡村振兴的三个具有典型性和代表性的模式。

第一种模式是以政府为主导发展的乡村模式。这种模式的优点在于政府出资、出政策，特色小村的建设可以缩短建设时间，短期在地方产生较强影响。但是，也存在根本性的问题，这种模式没有自己内在的活力，一旦政府减少或撤销资助，整个村子的建设、发展就会出现崩盘、没落的趋势，因此危险性极高，当然也就不存在复制的可能性了。

第二种模式是以村集体为主导发展的乡村模式。类似于华西村这样的模式，华西村在全国都非常有名，也非常富裕，老百姓的收入水平甚至远远超过城市的平均收入水平。但是，在柳中辉的眼中华西村依旧存在4个致命的缺点：其一，缺乏顶层设计，村子的发展是村子自发性的行为，是历史形成的产物，没有可复制性；其二，整个村子规划的品质感比较低，所以，整个村子的村容村貌、环境相对来说比较不美好，缺乏美感、设计感。当然对于当地的老百姓而言也没有这种美学概念，整体品质感和城市的差距还是比较大的；其三，村子上发展的产业单一，第二产业占主导地位，虽然近年来对第三产业也进行了打造，然而品质较低；其四，外部的产业和资本无法顺利地进入村子，就拿华西村来说，外部企业一种情况是压根进入不了村子，第二种情况则是即使进入村子也会和当地企业形成"敌对"状态，对于当地人来说"外部企业就是来'抢'当地人饭碗的，当地人'同仇敌忾，一致对外'"。

而如今在全中国外部企业进入当地受阻最严重的就数袁家村。"对外排斥带来很重要的一个因素就是人才流失，人才配给的失衡。一个村子多大？培养出一两个大学生就觉得很了不起了，要是出一个研究生那就当宝贝一样保护起来。然而能进驻村子中的企业大多数员工其受教育程度往往都是比较高的，而阻止外部产业的进入就造成了潜在人才的流失和人才结构的不平衡情况。另外资本结构产生不了内生性，产业结构自然也就形成不了整体性。"

第三种模式就是以外部社会资本做主导发展的乡村模式。做得比较好的就类似于万科的良渚文化村等，但是这种模式经常会走歪、走偏，这种模式的不可复制也是必然的。当时为了验证自己的观点，柳中辉跟踪研究良渚文化村长达8年的时间，同时也研究乌镇长达8年，当时柳中辉将这两个村当作样板，目标是研究好、研究透，但是，后来印证乌镇模式没有可持续发展的可能。

原因在于虽然乌镇顶层设计非常好、品质很高，当然这也是外部资本介入乡村振兴的好处，但是却又带来三个更加严重的后果。其一，基本上是属于掠夺性、排他性的运行模式，基本上就是圈起一块地将原住民安置其中，将其排斥在一切当地社会资本运营之外，项目区和农民安置区外部设计等各个方面形成极大的反差，这实际上形成了一种阶层对立，那么这种模式绝对是不可持续的。其二，大部分是产业结构缺失，没有产业是一个非常致命的缺点，说白了其实就是想做房地产，盖了房子立马销售。就算有产业也是单一产业，基本上就是文化旅游产业。文旅产业说到底是一种"假日"经济，人口结构严重失衡，"节假日人满为患，非节假日门可罗雀"，人口结构失衡直接导致的就是消费结构的失调，所以导致整个的投入结构失衡，而这种失衡直接导致的就是没有经济回报。所以，文旅产业投资成为投资商的直接成本，而用房地产开发的资金平衡投资，从本质上讲这并不是一种产业而是一种投资平衡的行为，并非是一种产业投资行为。其三，普遍性社区功能缺失，产生这种现象的原因在于，首先政府投资土地，投资商对土地只有使用权。在投资商进行投标之前，土地上是没有基建设施的。但是对于投资者而言，这种公共性设施投资下去，从哪里得到回报就成了一个问题。所以，大多数的企业就缩小了对这方面的投资。企业、政府对社区性功能的投资缺失造成直接的后果就是导致生活型配套功能不全，这就产生了一个恶性循环：产业势单、人气不旺、社区功能缺失、生活配套不足。

历史的发展有其必然性，没有一个人可以脱离历史看问题，柳中辉当然也不例外。受到自己曾经职业的影响，柳中辉非常喜欢研究经济发展史，从中国经济发展史研究到世界经济发展史。无论在任何一个时代经济发展都会有一个必然的节点，唯一不同的就是依据政治制度的不同其到达节点的手段和路径会发生改变。前工业文明时代：中国的农耕文明、院落聚居，形成了后来的院落文化。工业文明时代：生产力和生产效率的大幅度提高，这都是工业发展带来的益处，然而随着工业文明带来严重的社会问题，人口大部分集聚工业发达城市，人口压力、住房压力、就业压力蜂拥而至，人口集聚造成环境的污染、破坏严重，资源大量消耗，形成产能严重过剩。后工业文明时代：恢复环境以及进行产业升级成为首要任务。柳中辉在考察日本、美国、欧洲的乡村时发现了一个重要的共同之处，就是大型一线城市目前正在进行"再城市化"的城市功能重新规划，一般保留文化、政治功能，常住人口保留白领部分，因为年轻人需要更多的机会和平台。而经济功能则转移到周边的二、三线城市，通过工业经济带动中小城市发展，围绕二、三线城市的就是星罗棋布的各种特色小镇，一、三产业融合发展。

彼时的柳中辉似乎找到了浔龙河村发展的路径，提出了"创建欧洲标准的中国特色小镇"，当特色小镇成为一线金领的长居地，二、三线蓝领的主要消费场所，那么区域城乡发展才得到了切实有效的实践，区域城乡发展也将带动城市的消费升级。浔龙河村的生态产业、文化产业、教育产业、康养产业、旅游产业都是基于打造特色小镇平台上进行的产业导入。特色小镇的定位乃是为一、二、三线人口提供消费项目、消费习惯、消费趣味，使其成为未来真正的消费性服务业群居地。而"中国比欧美国家更容易，也更能发展得好这样的城市功能重新规划，因为基于国情，我们拥有庞大的人口，同时，我们也就有庞大的消费需求和能力"。

到2020年，柳中辉将迎来自己事业的第二十个年头。他也对自己提出了要求，2020年要让浔龙河村模式成为全国特色小镇的标杆。未来，他希望将浔龙河模式推广到全国各个需要发展、振兴的乡村，真正为中国的乡村振兴做出自己的一份贡献。

对于柳中辉而言，自己依然还是那个刚刚突遭父亲去世的赤子，满怀着对父亲的遗憾，满怀着对家乡热土的一腔赤诚，满怀着自己"家国天下"的抱负，心怀感激，砥砺前行。

浔龙河村党总支第一书记柳中辉依旧在前行的路上……

▌ 附　录 ▌

浔龙河村乡村振兴之路（2008—2018）

2008年

10月8日，《浔龙河现代农庄项目可行性分析报告》出炉。

2009年

3月11日，湖南浔龙河农业投资综合开发有限公司正式成立。

8月21日，长沙县现代农业创新示范区管委会下发《关于同意浔龙河现代农庄立项的批复》，同意浔龙河现代农庄项目立项。

9月，完成对浔龙河村（原双河村）大兴、朱术、赵龙等组的1528.47亩土地流转工作。

2010年

1月4日，长沙县发改局下达了《关于浔龙河等9个现代农庄立项的批复》，同意浔龙河现代农庄项目立项。

2月4日，浔龙河村召开支村两委会，商议浔龙河生态小镇开发建设和集体土地权属调查初步方案，提议项目主要投资人柳中辉担任双河村支部第一书记，报请果园镇党委批准。

3月8日，果园镇党委正式任命浔龙河项目主要投资人柳中辉担任果园镇浔龙河村（原双河村）第一书记。

3月17日，果园镇批复浔龙河村（原双河村）《关于明晰农村土地产权的实施方案》的报告，同意浔龙河村开展土地集中流转、产业集中发展、居民集中居住、建设新农村的试点前期基础性工作。

3月31日—5月16日，浔龙河村有序组织对全村耕地、林地、宅基地及公共用地等土地的产权进行界定，并出台了《双河村土地权属调查报告（草案）》。

5月17日，浔龙河村召开村组干部及党员会议，一致审议通过土地权属调查报告的主要内容，同意支村两委向果园镇党委申请将浔龙河村列入长沙县"六个集中"试点。

8月23日，县长办公会专题讨论浔龙河生态小镇开发建设工作，充分肯定了"由政府主导推动、企业为主投资建设、基层组织参与决策、人民意愿充分表达"的发展新思路，原则上同意项目建设实施方案。

9月15—19日，浔龙河村村委会组织全村13个组分别召开18岁以上村民参加浔龙河生态小镇开发建设申请试点民主决策大会，民意支持率达到97.2%。

10月22日，中共城乡一体化投资洽谈会在长沙举行，果园镇政府与浔龙河农业投资综合开发有限公司签订合作意向书，总签约金额达32.5亿元，成为会上最大的签约项目。省市领导陈润儿、肖雅瑜、张剑飞等出席签约仪式。

11月24日，县长办公会明确表示全力支持果园镇浔龙河生态小镇开发创新试点，同意按照其他三个城乡一体化试点乡镇的优惠政策给予支持。

12月13日，长沙县果园镇第一次政府公众开放日浔龙河生态小镇集中居住地址选址暨房型选择公众意见征集活动在浔龙河村（原双河村）村部举行，全村13个村民小组共263名代表集中选择投票表决，支持率达98%。

2011年

2月11日，浔龙河生态小镇项目被列为长沙县重点工程建设项目。

2月25日，浔龙河生态小镇项目正式被县发改局批复立项。

3月28日，浔龙河村召开村民代表大会，表决同意对浔龙河村（原双河村）全面开展土地整理。

5月19日，县委常委、常务副县长李洪波，副县长常利民及政府办、发改局、国土局、规划局、交通局、水务局、林业局、电力局、财政局、农开办、现代农业示范区管委会、果园镇政府等相关单位负责人，在果园镇政府召开浔龙河生态小镇建设调研会议，对浔龙河生态小镇建设的各项工作给予大力支持。

5月20日，浔龙河生态小镇项目在中国长沙（深圳）城乡一体化建设投资推介会上做专题推介，并获得投资商广泛好评。

8月28日，浔龙河村获批省级农村土地综合整治示范项目。

11月18日，县委常委、常务副县长胡春山，副县长周安伟、王国良组织召开了浔龙河生态小镇规划方案评审会，会议对方案进行了完善和修改，并对项目实施中遇到的相关问题进行了讨论和议定。

12月2日，浔龙河生态小镇项目被湖南省两型办批准为湖南省"两型"示范创建单位。

2012年

3月23—26日，县委常委、常务副县长胡春山，副县长王国良先后在浔龙河生态小镇建设指挥部会议室组织召开了浔龙河生态小镇项目建设现场办公会。会议对浔龙河生态小镇建设6个方面共计20个问题做出了决议。

3月，浔龙河土地合作社筹备领导小组正式成立。

4月5日，浔龙河生态小镇获批省国土资源厅土地增减挂钩试点项目（湘国土资函〔2012〕103号）。

4月9日，长沙县政府同意将浔龙河生态小镇项目列入小流域治理重点项目。

4月20日，长沙县浔龙河老年协会成立。

4月26日—5月1日，浔龙河土地合作社拟成立征求意见暨民主决策大会分别在全村13个村民组召开。13个村民组全部支持加入合作社，现场群众投票支持率高达97.14%。

5月4日，湖南省农办综合处处长刘益平、经管局局长乐运成在县农办主任杜红旗的陪同下来浔龙河生态小镇进行调研。

5月8日，浔龙河土地专业合作社第一届第一次股东代表大会召开。会议原则通过章程（讨论稿），选举产生理事会、监事会。

5月15日，《浔龙河村报》创刊。

8月22日，长沙县果园镇老年书画协会浔龙河（原双河）分会正式挂牌成立。

2013年

1月10—18日，按照规划要求，浔龙河村五七组14户农民按期完成拆迁工作，为浔龙河生态小镇的全面建设拉开序幕。

1月24日，中国城市经营与研究专家、中国智库成员、北京大学教授李津奎来到浔龙河生态小镇进行案例调查。

1月30日，浔龙河官方网站正式上线，进一步提升了浔龙河的整体形象。

2月6日，湖南省发展和改革委员会、湖南省住房和城乡建设厅将浔龙河列为湖南省2013年重点建设工程。

4月28日—5月1日：4月28日，浔龙河村支村两委召开青年联合会成立及团支部换届动员大会，浔龙河村13个村民小组组长、妇女组长、浔龙河投资控股（集团）公司参加了会议。5月1日上午，在村部举行青年联合会成立大会及团支部换届选举。全村13个村民小组采取了青年代表现场无记名投票、网络投票、电话投票征集投票意见，选举成立了浔龙河村青年联谊会。

5月22日，湖南省委常委、长沙市委书记易炼红一行对浔龙河项目进行调研，在听取了公司董事长的汇报后，易书记对浔龙河的模式给予了高度的肯定，并寄语浔龙河：打造城镇化的乡村和乡村式的城镇。

5月26日，湖南省政协主席陈求发调研浔龙河，在听取了汇报并参观考察后，陈求发对浔龙河新型城镇化建设的新模式给予了高度评价，并希望项目加快建设，打造成为样板工程。

8月15日，村民集中安置区破土动工。

8月27日，湖南省委常委、长沙市委书记易炼红率市直相关部门召开项目现场办公会。

9月23日，湖南省委书记徐守盛、省委常委省委秘书长韩永文、省委常委长沙市委书记易炼红等领导一行来浔龙河调研。

2014年

1月9日，市委副书记、市长胡衡华一行来到浔龙河进行调研。在详细听取情况汇报后，胡衡华对项目统筹实施多规合一、逐步实现优势团队整合等前期准备工作给予了充分肯定。

2月12日，市委副秘书长、市委农村工作部部长郑耀频受市委委托，来到浔龙河就全市农村工作进行实地走访调研。

2月27日，浔龙河集团全体员工前往岳阳召开2014年年度浔龙河集团工作会议。公司各板块负责人在会上对2014年年度工作进行了全面规划，浔龙河集团总经理王聪球对前期工作进行了总结，董事长柳中辉明确定位2014年企业发展格局。

3月8日，浔龙河村党支部换届选举顺利完成，公司董事长柳中辉当选为浔龙河村（原双河村）第九届党支部委员会书记。

3月25日，县委常委、常务副县长杨忠文，副县长邹春林在浔龙河召开项目建设现场办公会，会议听取了果园镇政府和浔龙河投资控股（集团）公司关于浔龙河生态示范点项目公共工程建设和产业发展情况的汇报，并就项目建设推进过程中的相关问题进行了认真研究，并形成一致意见助推项目早日落地。

4月16日，由农业部、发改委、住建部共同推动的节能砖与农村节能建筑市场转化项目调研组来到浔龙河，就项目建筑节能方面的工作进行调研。

4月18日，原财政部副部长、中投发展有限责任公司董事长张弘力莅临浔龙河，考察新农村建设。就产权制度改革、农民权益保护、农民资产增值和长效保障、项目产业布局规划等领域进行重点调研，并对项目思路、民生保障和产业布局给予肯定。

5月8日，湖南省林业厅副厅长柏方敏率调研组一行来到浔龙河村，就村上林地流转、项目建设生态保护、民生设计理念等问题进行专题调研。

5月22日，长沙市土地流转模式课题调研组来浔龙河调研。

6月3日，副县长邹春林代表县政府组织11个相关单位和部门召开了浔龙河项目建设推进会议，会议对前段工作进行了总结，就当前推进建设中遇到的相关问题进行了认真分析和研究。

6月18日，县政府组织召开浔龙河生态小镇项目规划评审会，规划、住建、国土、税务、重点工程等12个职能部门负责人参加会议。会议对项目整体规划设计等问题进行了探讨并提出相关建议。

6月24日，湖南省委党校（湖南行政学院）正式授牌浔龙河为省委党校教学基地。

6月30日，全国工商联副主席、大连亿达集团董事长孙荫环一行来到浔龙河考察。

7月5—6日，公司董事长柳中辉代表浔龙河项目参加由中国城镇化联盟举办的"新型城镇化项目落地实操高端峰会"。

7月26日，利海集团董事长谢海榆、执行总裁汪全虎携企业涉农产业团队一行来浔龙河考察项目模式。

8月12日，湖南省政协人口资源环境委员会与民盟湖南省委联合来到浔龙河生态示范点，开展以"农村土地流转和运营"为主题的专题调研。

8月14日，市委副秘书长夏文斌召集市农办、国土、住建、交通等22个市直部门和相关单位的负责人，在浔龙河生态示范点召开了项目现场调度会。

8月20日，长沙县委书记、长沙经开区党工委书记杨懿文，县委副书记、县长张庆红前往浔龙河调研并召开现场办公会，就项目推进中出现的困难进行现场办公，着力研究破解发展中的难题。

10月1日，广东棕榈园林股份有限公司与湖南浔龙河投资控股公司完成并购，浔龙河项目获得了资本市场的强大支持。

12月6日，浔龙河项目获批为长沙县首批PPP试点项目，之后被列为湖南省首批PPP试点项目之一。

2015年

1月1日，电视剧《浔龙河》开始在湖南公共频道播出，获得了广大电视观众的广泛好评。春节期间同时在湖南公共频道、长沙新闻频道、长沙县电视台和网络媒体播出，收视率节节高攀。

4月，新的湖南棕榈浔龙河生态农业开发有限公司正式组建，开始征战浔龙河。

10月1日，经过113天的团结奋战，浔龙河生态艺术小镇一期农民安置区及产业项目童勋营、牧歌山、云田谷正式开园营业。同时，麦咭音乐节盛大举行。国庆节假期前4天，浔龙河吸引了近12万游客前来观光游览。

11月2日，湖南省委常委、长沙市委书记易炼红一行再次来到浔龙河生态艺术小镇调研，并指出，浔龙河项目的创新做法是城乡一体化的创新模式，是新型城镇化的经典样板。

11月16日，湖南省军区司令员黄跃进视察浔龙河项目和浔龙河村民兵营建设工作，并对民兵工作提出了新的工作要求。

12月，长沙县农创天地暨创客大赛启动，长沙县农业创业枢纽正式落户浔龙河。

2016年

4月，长沙首个乡村美食好呷休闲街正式开街。浔龙河好呷街网罗三湘四水制作美食小吃的民间高手，秉承用心成就作品的工匠精神，精心制作"土食材、土工艺、土器具"的"三土"美食，使其成为长沙乃至湖南省的美食目的地。

4月，北京师范大学校园足球研训基地在浔龙河生态艺术小镇挂牌成立。

4月，浔龙河牵手湖南联通，全面合作布局"互联网＋新型城镇化建设"。

5月，军委国防动员部政工局副主任卢玉杰，省委常委、省军区司令员黄跃进少将，省军区副政委刘建新少将，省军区参谋长郭辑山少将及军区机关团以上干部，以及全省14个地州市主管武装工作的副市长及各警备区（军分区）司令员、政委，全省122个区（县）人武部军政主官一行，到浔龙河村就基层民兵建设进行现场观摩。

6月，浔龙河生态艺术小镇喜获湖南省农村信用社"金融服务示范基地"授牌。

10月，浔龙河新农村示范区商业街正式开街，凸显湘中特别是长沙地区的特色文化，充实全域旅游的文化特色与内涵，满足游客游、玩、吃、住、购、学等需求。

12月，长沙县政府与北京师范大学签约，北师大附属学校落户浔龙河。

2017年

2月，"浔龙隐·连山"生态宜居小区启动建设。

2月，田汉大道举行开工开建仪式，田汉大道投资1.94亿元，全长5.4千米，2007年年底建成通车。

3月，中南地区最大的赏樱胜地"浔龙河奇妙樱花谷"开园，为长沙市及周边地区市民提供了又一个周末休闲旅游的好去处。

7月，浔龙河·学府开工。

10月，中国国际经济交流中心上海分中心对《工商资本服务农村供给侧改革的"浔龙河模式"》报告进行专家评审，并认为浔龙河模式的探索为解决"三农"问题提供了理论和实践支撑，为中国农村改革创新提供了具有示范意义的样本。

10月，浔龙河生态艺术小镇申报国家发改委"千企千镇工程"专题评审在京召开，专家组对浔龙河生态艺术小镇项目取得的成绩给予了充分肯定和高度评价。

11月，浔龙河村发展模式被评为全国基层治理十大创新案例。

2018年

1月，浔龙河村党总支第一书记、湖南浔龙河投资控股有限公司董事长、浔龙河模式的设计者、浔龙河生态艺术小镇操盘手柳中辉增选为中国城镇化促进会副主席。

1月，浔龙河生态艺术小镇荣获"2018中国特色小镇博览会优秀示范案例"。

1月，浔龙河生态艺术小镇荣获"长沙市中小学研学旅行创建基地"殊荣。

2月23日，浔龙河生态艺术小镇举办新春开门红仪式，拉开新征程的帷幕，奏响浔龙河2018新征程奋进集结号！

2月27日，浔龙河樱花灯会开启。6666万盏LED环保灯把樱花谷点缀成了五光十色的灯光海洋。最具看点的莫过于彩灯隧道巨龙了，龙头高8米，龙身高3米、宽3米、长666米，从头至尾分为九大部分，每个部分对应着一个吉祥的寓意，分别为独占龙头、平安出行、逢考必过、爱情美满、婚姻幸福、家庭和美、事业腾飞、财运亨通、福寿绵延。

3月15日，湖南浔龙河投资控股有限公司战略部署暨2018年经营工作计划会议在浔龙河唐前农庄隆重举行。

3月17日，浔龙河樱花谷正式开园，1万株樱花为广大游客营造出了烂漫的花海盛景。

3月25日，由中国城镇化促进会主办的中国首届乡村振兴大会新闻发布会在湖南省长沙市浔龙河生态艺术小镇召开。

4月29日，浔龙河生态艺术小镇举办"2018浔龙河首届珍稀蝴蝶展"。

5月5日，浔龙河生态艺术小镇2018专场招聘会在长沙君悦酒店举行。现场共计提供41个工作岗位，吸引了约600名求职者，其中进入复试150人。

5月9—12日，中国品牌日系列宣传活动在上海隆重举行。浔龙河受邀出席。

5月19日，京师家长学堂暨北京师范大学长沙附属学校招生新闻发布会在长沙县北师大百熙实验学校中学部举行。

6月2日，"新华社民族品牌工程·未来之星"服务行动在京启动，"浔龙河"入选"新华社民族品牌工程·未来之星"，成为首家入选品牌。

6月6日，公司2018年团队"熔炼·提升"训练营在长沙浏阳中澳蓝鹰国防教育基地开营。

6月23日，由中国城镇化促进会、新华社《中国名牌》杂志社主办，湖南棕榈浔龙河生态城镇发展有限公司等单位承办的"特色小镇与乡镇振兴峰会"在北京会议中心举办。多位嘉宾在峰会上提到长沙县浔龙河村，对浔龙河村坚持走特色之路，发展产业、保护生态、保护村民利益等方面的探索给予了高度评价。

6月28日，《蝶变·浔龙河》新书首发，总计30多万字，浓缩了浔龙河9年的探索"蝶变"历程，以全国特色小镇与乡村振兴战略的视野，揭示了浔龙河是如何破茧成蝶的。

6月30日—7月1日，由湖南日报社长沙分社组织邀请湖南省作家协会著名作家、诗人、书法家、摄影家到浔龙河生态艺术小镇进行采风活动，艺术家们风趣的说笑，智慧闪光的谈论，鲜明深刻的观点都用笔呈现在《浔龙河畔文化魂》的著作里。

7月13日，浔龙河生态艺术小镇与湖南省不动产商会协同合作举办的湘江思享会在浔龙河生态艺术小镇圆满落幕。此次湘江思享会会聚湖湘地产界的营销精英于一堂，共同了解并参观浔龙河生态艺术小镇，探讨浔龙河模式，分享营销及策划相关话题。

图书在版编目（CIP）数据

决胜小康：探索乡村振兴之路. 浔龙河村卷 / 季中
扬，马海娅著；季中扬主编. — 北京：北京美术摄影
出版社，2020.10
　　ISBN 978-7-5592-0350-2

　　Ⅰ. ①决… Ⅱ. ①季… ②马… Ⅲ. ①农村—社会主
义建设—研究—长沙县 Ⅳ. ①F320.3

中国版本图书馆CIP数据核字(2020)第093369号

总 策 划：李清霞
责任编辑：董维东
执行编辑：刘舒甜
责任印制：彭军芳
装帧设计：朱 佳 贾 旭

决胜小康　探索乡村振兴之路　浔龙河村卷
JUESHENG XIAOKANG　TANSUO XIANGCUN ZHENXING ZHI LU
XUNLONGHECUN JUAN

季中扬　主编

季中扬　马海娅　著

出　版　北京出版集团
　　　　　北京美术摄影出版社
地　址　北京北三环中路 6 号
邮　编　100120
网　址　www.bph.com.cn
总发行　北京出版集团
发　行　京版北美（北京）文化艺术传媒有限公司
经　销　新华书店
印　刷　天津联城印刷有限公司
版印次　2020 年 10 月第 1 版第 1 次印刷
开　本　787 毫米 × 1092 毫米　1/32
印　张　7.25
字　数　176 千字
书　号　ISBN 978-7-5592-0350-2
定　价　88.00 元

如有印装质量问题，由本社负责调换
质量监督电话　010-58572393